Basel II: Folgen für
Kreditinstitute und ihre Kunden
Bankgeheimnis und
Bekämpfung von Geldwäsche

Bankrechtstag 2003

BrV 22

Schriftenreihe der Bankrechtlichen Vereinigung

herausgegeben von

Walther Hadding, Mainz
Klaus J. Hopt, Hamburg
Herbert Schimansky, Karlsruhe

Band 22

De Gruyter Recht · Berlin

Basel II: Folgen für Kreditinstitute und ihre Kunden
Bankgeheimnis und Bekämpfung von Geldwäsche

Bankrechtstag 2003

W DE G
RECHT

De Gruyter Recht · Berlin

∞ Gedruckt auf säurefreiem Papier, das die US-ANSI-Norm über Haltbarkeit erfüllt.

ISBN 3-89949-091-6

Bibliografische Information Der Deutschen Bibliothek

Die Deutsche Bibliothek verzeichnet diese Publikation in der Deutschen Nationalbibliografie; detaillierte bibliografische Daten sind im Internet über http://dnb.ddb.de abrufbar.

Printed in Germany
Druck und buchbinderische Verarbeitung: Hubert & Co. GmbH & Co. KG, Göttingen
Umschlaggestaltung: Angela Dobrick, Hamburg

Vorwort

Der Bankrechtstag 2003 der Bankrechtlichen Vereinigung – Wissenschaftliche Gesellschaft für Bankrecht e.V., der in Düsseldorf stattfand, war zwei hochaktuellen Themen von besonderer kreditwirtschaftlicher Bedeutung gewidmet: „Basel II: Was verbirgt sich dahinter für Kreditinstitute und ihre Kunden?" und „Bankgeheimnis und Geldwäsche aus verfassungs- und bankrechtlicher Sicht".

Am 29. April 2003 hatte der Baseler Ausschuss für Bankenaufsicht sein drittes Konsultationspapier über die Neue Baseler Eigenkapitalvereinbarung zur Kommentierung durch Verbände und Wissenschaft vorgelegt („Basel II"). Kurz vor dem Bankrechtstag, am 1. Juli 2003, veröffentlichte auch die Europäische Kommission ihr drittes Konsultationspapier zu den neuen Eigenkapitalvorschriften. Vor diesem Hintergrund bot der Bankrechtstag eine hervorragende Gelegenheit, einen Überblick über die Regelungen des neuen Baseler Akkords in der Fassung des dritten Konsultationspapiers zu erhalten. Die Vorträge dazu hielten J. Sanio, J. Lehnhoff und H. Schulte-Mattler. Die Diskussion über Bankgeheimnis und Geldwäsche erhielt durch die terroristischen Anschläge in den USA vom 11. September 2001 erhöhte Brisanz. Danach wurden die gesetzlichen Regelungen zur Bekämpfung von Geldwäsche und Terrorismus auf breiter Front und weitreichend verschärft. So wurde zum Ende der 14. Legislaturperiode des Deutschen Bundestages eine Vielzahl von Gesetzesvorschriften erlassen, mit deren Hilfe insbesondere die Erlangung von Informationen über die finanziellen Verhältnisse der Kunden von Kreditinstituten erleichtert werden sollte. Diesem Problemkreis waren die Vorträge von F. Herzog, P. Kirchhof und M. Findeisen gewidmet. Erfahrungen aus der Schweiz brachte W. de Capitani ein.

In ausführlichen Berichten über den Bankrechtstag 2003 sind die Referate sowie die Stellungnahmen der Vortragenden und der Teilnehmer in den Diskussionen wiedergegeben worden. Hingewiesen sei deshalb auf die umfänglichen Berichte von C. Lange/Th. Höche, WM 2003, 1645-1661, sowie A. Bornemann, ZBB 2003, 309-321.

Die Druckvorbereitung dieses Bandes haben dankenswerterweise Herr wiss. Ass. Christoph Kumpan und Frau Ingeborg Stahl, beide Max-Planck-Institut für ausländisches und internationales Privatrecht, Hamburg, vorgenommen.

Allen, die zum Gelingen des Bankrechtstages 2003 mitgewirkt haben, vor allem Frau W. Preis, die das Sekretariat der BrV seit nunmehr 12 Jahren zuverlässig und engagiert betreut, sei besonders gedankt.

Mainz, Hamburg, Marxell *Hadding, Hopt, Schimansky*
Im Februar 2004

Inhaltsverzeichnis

1. Abteilung:
Basel II: Was verbirgt sich dahinter für Kreditinstitute und ihre Kunden?
Leitung: *Rechtsanwalt Dr. Helmut Bruchner*
Chefsyndikus der Hypo Real Estate Holding AG, München

Jochen Sanio, Präsident der Bundesanstalt für Finanzdienstleistungsaufsicht, Bonn/Frankfurt a.M.
Basel II: Ein neuer Ansatz in der Bankenaufsicht 3

Jochen Lehnhoff, Rechtsanwalt, Mitglied des Vorstandes des Bundesverbandes der Deutschen Volksbanken und Raiffeisenbanken e.V., Berlin
Basel II und die Auswirkungen auf mittelständische Kreditinstitute 19

Professor Dr. Hermann Schulte-Mattler, Professor für Finanzwirtschaft, Fachhochschule Dortmund
Basel II: Auswirkungen auf bestimmte Kundengruppen 29

2. Abteilung:
Bankgeheimnis und Geldwäsche aus verfassungs- und bankrechtlicher Sicht
Leitung: Rechtsanwalt *Dr. Wolfgang Gößmann*
Leiter der Rechtsabteilung der HSH Nordbank AG, Hamburg

Professor Dr. Felix Herzog, Humboldt-Universität zu Berlin
Das Bankgeheimnis – eine Schranke staatlicher und staatlich veranlasster Ermittlungen? 47

Professor Dr. Paul Kirchhof, Bundesverfassungsrichter a.D., Ruprecht-Karls-Universität, Heidelberg
Bankgeheimnis und Geldwäsche aus verfassungsrechtlicher Sicht 79

Michael Findeisen, Ministerialrat, Bundesministerium der Finanzen, Berlin
Bankgeheimnis und Verhinderung der Geldwäsche 95

Dr. Werner de Capitani, Rechtsanwalt
Herrliberg, Schweiz
Bankgeheimnis und Geldwäscherei 125

Tagungsbericht 137

Stichwortverzeichnis 151

1. Abteilung:
Basel II: Was verbirgt sich dahinter für Kreditinstitute und ihre Kunden?

Leitung: *Rechtsanwalt Dr. Helmut Bruchner*
Chefsyndikus der Hypo Real Estate Holding AG, München

Basel II: Ein neuer Ansatz in der Bankenaufsicht

Jochen Sanio, Präsident der Bundesanstalt für Finanzdienstleistungsaufsicht, Bonn/Frankfurt a.M.

Als sich die Nachfahren Noahs in einer Ebene im Lande Schinar niederließen, kam ihnen der Gedanke, eine Stadt und einen Turm zu bauen. Seine Spitze sollte bis in den Himmel reichen. „Machen wir uns damit einen Namen", sagten sie voller Hochmut. Gott war erzürnt. Er verwirrte die Sprache der Menschen, so dass sie einander nicht mehr verstanden, und zerstreute sie über die Erde. Der Stadt gab man den Namen Babel – so steht es im Ersten Buch Mose geschrieben. Der Turm zu Babel blieb unvollendet. Über seine religiöse Bedeutung hinaus erlangte er Weltruhm – als Symbol menschlichen Größenwahns.

Kritische Geister halten auch den Bankenturm zu *Basel* für einen Hort der Anmaßung, beherbergt er doch den Baseler Ausschuss für Bankenaufsicht, der seit bald drei Jahrzehnten weltweit die Geschicke der Bankenaufsicht lenkt – und das ohne demokratische Legitimation. Aber Anmaßung? Auf den ersten Blick mag dieser Eindruck vielleicht entstehen, aber er verflüchtigt sich bei näherem Hinsehen. Nicht einmal optisch erinnert der metallischbraune Turm der Bank für internationalen Zahlungsausgleich an den Turm zu Babel, wie ihn Pieter Bruegel der Ältere einst malte. Und bis in den Himmel reicht er auch nicht.

Der Turm zu Basel ist aber immerhin so hoch, dass man von dort eine weit reichende Aussicht genießen kann – über die Schweizer Grenzen hinaus bis nach Frankreich und Deutschland. Dieser internationale Panoramablick ist Programm. Denn das, was sich im Baseler Bankenturm nun schon seit Jahren abspielt, ist gewissermaßen die Umkehr der Geschichte vom Turmbau zu Babel. Es ist nicht auszuschließen, dass sich zumindest einige Mitglieder des Baseler Ausschusses „einen Namen" machen wollen, aber eines ist sicher: Die Notenbankgouverneure und Bankenaufseher, die in Basel zusammentreten, wollen sich nicht als Götter der Bankenaufsicht aufspielen. Sie sind mit dem Ziel angetreten, die babylonische Sprachverwirrung in der Bankenaufsicht zu überwinden und Aufsichtsstandards zu entwickeln, die international anerkannt sind und das Bankensystem weltweit stabilisieren. Das ist ihnen vor 15 Jahren mit der ersten Baseler Eigenkapitalübereinkunft auch sehr gut gelungen. Und sie werden es auch diesmal schaffen – mit dem neuen Baseler Eigenkapital-Akkord, „Basel II" genannt, ein aus drei Säulen bestehendes aufsichtliches Gesamtkunstwerk, das in seinen Grundzügen nachfolgend erläutert werden soll. Doch zunächst gilt es, einige Worte über den weiten und steinigen Weg dorthin zu verlieren.

Der lange Marsch von Basel I zu Basel II hat den deutschen Ausschussmitgliedern einiges an Kondition abverlangt, und manches Mal drohte ihnen die Puste auszugehen. Doch inzwischen haben wir die Zielgerade vor Augen. Vor einigen Wochen hat der Baseler Ausschuss sein drittes – und letztes – Konsultationspapier veröffentlicht. Bis zum 31. Juli haben Kreditwirtschaft und Verbände Zeit, die Vorschläge des Ausschusses noch einmal zu kommentieren. Die Bundesanstalt für Finanzdienstleistungsaufsicht – kurz BaFin – und die Deutsche Bundesbank werden Ende Juli die wichtigsten Verbände der Kreditwirtschaft und der Kredit nehmenden Wirtschaft zu ihren Kommentaren anhören. Im September wird der Baseler Ausschuss dann über die Änderungsvorschläge beraten. Geplant ist, dass der neue Akkord im Dezember 2003 veröffentlicht wird und Ende 2006 in Kraft tritt. Anders als die Zehn Gebote sind die neuen Aufsichtsregeln dann zwar nicht für alle Zeiten in Stein gemeißelt. Der Baseler Ausschuss wird auch weiterhin seine Regeln den Entwicklungen auf den internationalen Finanzmärkten anpassen. Doch erst einmal heißt es „rien ne va plus". Aufseher und Banken werden also mit dem neuen Baseler Akkord leben müssen. Und – soviel ist jetzt schon sicher: Beide Seiten werden sich gewaltig umstellen müssen, denn Basel II wird die Bankenaufsicht revolutionieren.

Kondition war nur eine von vielen Fähigkeiten, die bei den bisweilen turbulenten Verhandlungen zum neuen Akkord gefordert waren. Kompromissbereitschaft und knallhartes Durchsetzungsvermögen gehörten auch dazu, selbst wenn das widersprüchlich klingen mag. Man darf sich den Baseler Ausschuss nicht wie ein Kaffeekränzchen vorstellen. Es wurden keine Kuchenstücke ausgeteilt, sondern Schläge – verbaler Art selbstverständlich. Die Mitglieder des Ausschusses reden in ihren Sitzungen – anders als das nach außen zu Tage tritt – eher selten „mit einer Zunge", auch wenn sie alle sehr darauf bedacht sind, die babylonische Sprachverwirrung in der internationalen Bankenaufsicht zu beseitigen. Einigkeit herrschte anfangs nur in einem Punkt. Es musste etwas geschehen. Basel I, seinerzeit ein Meilenstein in der Geschichte der Bankenaufsicht, war der unaufhaltsamen Dynamik der internationalen und nationalen Finanzmärkte schon lange nicht mehr gewachsen.

Der heute noch geltende Eigenkapitalakkord bestimmt schlicht und einfach, dass alle risikogewichteten Aktiva und bilanzunwirksamen Posten einer Bank mit acht Prozent Eigenkapital zu unterlegen sind. Dabei kommt eine simple Pauschalregelung zum Zuge: Kreditnehmer und Kreditarten werden anhand eines stark generalisierenden Schemas geordnet und es werden ihnen Risikogewichte zugewiesen. Für bilanzwirksame Positionen sind das 100, 50, 20 und Null Prozent. Eine Bewertung des individuellen Risikogehaltes der einzelnen Kredite ist im ersten Baseler Akkord nicht vorgesehen. So erhalten etwa alle Kredite an Privatpersonen und Privatunternehmen das gleiche Risikogewicht von 100 Prozent und binden damit Eigenkapital in Höhe des Einheitssatzes von acht Prozent – und zwar ungeachtet der Bonität des Kreditnehmers und damit ohne Rücksicht auf das Risiko, das dem jeweiligen Kredit anhaftet. Inzwischen ist allseits bekannt, dass derart einfache Regeln die Kreditrisiken einer Bank nur ungenau abbilden und die daraus resultierenden Kapitalanforderungen willkürlich sind. Ja, sie haben sogar, Ironie des Schicksals, oft genug den Anreiz dazu geschaffen, riskante Geschäfte einzugehen. Die Banken haben im großen Stil risikoreiche Kredite mit hohen Margen an Land gezogen – wohl wissend, dass ihnen Basel I nicht die eigentlich gebotenen Eigenkapitalanforderungen abverlangt und ihnen deswegen kein Aufseher auf die Finger klopfen wird.

Um in der Sprache der Bibel zu bleiben: Ein jedes Ding hat seine Zeit. Und die Zeit des alten und ach so einfachen Baseler Akkords ist abgelaufen. Wobei man eines hinzufügen muss: Der Bankenausschuss hat den alten Akkord bereits Anfang 1996 ergänzt, indem er auch die Marktpreisrisiken in die Kapitalunterlegungspflichten einbezogen hat. Banken können seitdem bei der aufsichtlichen Eigenkapitalberechnung auch ihre internen Modelle zur Steuerung von Marktrisiken verwenden. Ein erster, wichtiger Schritt in die richtige Richtung, aber noch lange nicht der große Sprung nach vorn.

Tempora mutantur – die Zeiten ändern sich – und mit ihnen die Risikosituation der Banken. Der alte Baseler Akkord hat nicht nur das große Manko, ungenau zu sein, weil er die Bonitäten außer Acht lässt. Die Bankenaufsicht wird dem Gesamtrisikoprofil einer Bank einfach nicht mehr gerecht, wenn sie ihre Eigenkapitalanforderungen nur an den Kredit- und Marktpreisrisiken ausrichtet und sie nicht den neuen Gegebenheiten anpasst. Man denke nur an die neuen Finanzinstrumente oder die Verbriefung von Kreditrisiken.

Wie bereits beschrieben, am Anfang herrschte Einigkeit. Einigkeit darüber, dass der alte Baseler Akkord ausgedient hatte und dringend einer Totalrevision unterzogen werden musste, um die Stabilität der internationalen Finanzmärkte dauerhaft zu gewährleisten. Einigkeit herrschte auch in einem anderen Punkt. Alle Ausschussmitglieder wollten – und wollen – einen *gemeinsamen* neuen Eigenkapitalstandard, denn es besteht nach wie vor kein Zweifel daran, dass es angesichts globaler Finanzmärkte keine Alternative zu international abgestimmten Aufsichtsregeln geben *kann*. Doch wie sollen diese neuen Regeln ausgestaltet werden? Dazu gab es zunächst fast so viele verschiedene Meinungen, wie Nationen im Ausschuss vertreten sind. Wie schon bei den Verhandlungen zu Basel I steckten die Ausschussmitglieder in einem Dilemma: Da alle beteiligten Aufsichtsbehörden an die gefundene Lösung gebunden sein sollen, gilt für jede Entscheidung in Basel das Konsensualprinzip. Mit anderen Worten: Entscheidungen können nur einstimmig getroffen werden. Jeder Teilnehmer hat also ein Vetorecht – und damit theoretisch eine ungeheuere Macht.

Die Mitglieder des Baseler Ausschusses steckten nun in der Zwickmühle, dass sie sich zwar auf einen neuen internationalen Standard einigen wollten – schließlich haben sie alle das gemeinsame Ziel, den Ausbruch einer internationalen Finanzkrise zu verhindern. Doch gleichzeitig wollten sie ihre nationalen Interessen wahren. Es ging nicht nur darum, Wettbewerbsnachteile für ihr jeweiliges Land zu verhindern, sondern sie mussten auch versuchen, die Kosten, die ihren Banken durch die Anpassung an den neuen Standard beschert würden, so gering wie möglich zu halten. Dieser Zwiespalt führte dazu, dass die Ausschussmitglieder ständig zwischen Kooperation und Konflikt schwankten, denn jede kooperative Lösung konnte einen Verteilungsvorteil für die eine oder andere Seite bedeuten. Aber alle wussten auch: Wenn sie sich nicht einigen würden, würden sie auf den Zustand der Sprachlosigkeit zurückfallen. Und das wollte niemand.

Frei nach Schillers Grundsatz „Nur Beharrung führt zum Ziel“ haben die deutschen Mitglieder im Ausschuss viele deutsche Forderungen durchgesetzt. Zum Teil wurde ihnen dabei die Marschrichtung vorgegeben. Mit einer Bundestagsentschließung im Gepäck ist die deutsche Delegation im Jahre drei der Baseler Verhandlungen angetreten, Benachteiligungen für den Kredit nehmenden Mittelstand und ungerechtfertigte Eigenkapitalzuschläge bei den

Anrechnungssätzen für mittel- und langfristige Kredite zu verhindern. Auch wenn sie in dieser Sache zunächst die Mehrheit des Ausschusses und insbesondere die mächtigen Meinungsführer gegen sich hatten, am Ende haben sie diesen Kampf, bei dem im Turm zu Basel mitunter die Fetzen flogen, für sich entschieden.

Aber auch in vielen anderen Punkten schien es oft unmöglich, die bestehenden Meinungsunterschiede zu überbrücken und eine Lösung zu finden, die alle Seiten zufrieden stellte. Doch in seiner fast 30-jährigen Geschichte ist es dem Baseler Ausschuss immer gelungen, mit seinem Einigungsproblem fertig zu werden – und so scheint es auch diesmal zu sein. Es ist kaum vorstellbar, dass eines der in Basel vertretenen Länder kurz vor Toresschluss die Verantwortung dafür übernehmen will, ein so wichtiges Projekt wie „Basel II“ noch durch ein stures Nein vom Tisch zu fegen.

Was bei den vielen harten Verhandlungen im Turm zu Basel bislang herausgekommen ist, kann sich nämlich sehen lassen. Mit „Basel II“ als neuem Weltaufsichtsregime für Banken vollziehen wir die Abkehr von der Aufsicht traditioneller Prägung. Wir treten die Reise ins gelobte Land der Bankenaufsicht an: weg von einem eher quantitativen Ansatz, der geprägt ist durch das Prüfen von Kennzahlen und die Analyse der Berichte von Banken und Wirtschaftsprüfern, hin zu einer stärker qualitativen, präventiv agierenden Aufsicht. Fand Bankenaufsicht bislang überwiegend am Schreibtisch statt, müssen die Aufseher künftig nahe an die Banken und ihr Risikomanagement und -controlling heranrücken. Dabei werden sie natürlich die grundlegenden quantitativen Aufsichtsnormen nicht vernachlässigen. Doch es wird viel Neues geben an der Aufsichtsfront. Der neue Baseler Akkord ist mehr als nur ein komplexes Regulierungswerk. Das Kürzel „Basel II“ steht für eine neue Aufsichtsphilosophie, die sich auf drei gleichwertig nebeneinander stehende Säulen gründet.

Säule I steht in erster Linie für die Bemessung der Eigenkapitalanforderungen für Kreditrisiken. Der Baseler Ausschuss schlägt hierfür zwei Ansätze vor: einen Standardansatz und einen auf bankinternen Ratings beruhenden Ansatz, der im schönsten Baseler Englisch Internal Ratings Based Approach – kurz IRB Approach – genannt wird. Der alte Ansatz von „Basel I“ wurde damit nicht zu Grabe getragen. Er lebt – verjüngt durch ein ordentliches Facelifting – im Standardansatz des neuen Basler Akkords weiter. Wie bislang werden dabei allgemeine Risikogewichtungssätze für bestimmte Arten von Kreditforderungen festgelegt. Zu den bisher bekannten Gewichtungssätzen von Null, 20, 50 und 100 Prozent kommen aber zur besseren Differenzierung drei Sätze hinzu: 35 Prozent für Wohnungsbaufinanzierung und 75 Prozent für das Mengengeschäft. Kreditnehmer mit schlechter Bonität tragen künftig das Kainsmal einer 150-prozentigen Risikogewichtung. Das betrifft insbesondere Kredite, die mehr als 90 Tage überfällig sind und bei denen weniger als 20 Prozent wertberichtigt sind.

Neu am Standardansatz ist auch folgende Baseler Idee: Banken können sich künftig bei der Risikogewichtung nach externen Ratings richten – durch Rating-Agenturen und bei Staaten auch durch Exportkreditversicherungsagenturen der OECD. Für Forderungen an private Unternehmen wird es künftig drei neue Risikogewichtsklassen geben, die die bisherige 100-Prozent-Klasse ergänzen, nämlich 20, 50 und 150 Prozent. So bekommen Unternehmen, deren Rating im Bereich von AAA bis AA- rangiert, eine Risikogewichtung von 20 Prozent, liegt das Rating unter BB-, wird das Risikogewichtung mit 150 Prozent gewichtet. Neue Risikoklassen gibt es auch für Staaten, die sich in Zukunft auf einer fünfstufigen Skala von Null bis 150 Prozent bewegen können. Es lohnt sich aber kaum, weitere Details zu schildern, denn der neue Standardansatz ist zwar mit Sicherheit risikosensitiver als sein Vorgänger. Doch das Nonplusultra ist er nicht – zumindest was die deutschen Banken betrifft. Wäre es bei diesen Überlegungen geblieben, die der Ausschuss in seinem ersten Konsultationspapier vorgestellt hat, hätten die meisten deutschen Banken unter erheblichen Wettbewerbsnachteilen leiden müssen, denn die wenigsten deutschen Kreditnehmer werden heute durch Rating-Agenturen beurteilt. Außerdem wäre der deutsche Mittelstand den Bewertungssystemen der großen amerikanischen Rating-Agenturen ausgeliefert worden, und diese scheinen noch weit von den deutschen Maßstäben der Bonitätsbeurteilung entfernt zu sein.

Daher liegt ein großer deutscher Verhandlungserfolg im Turm zu Basel darin, bei den Regeln zur differenzierten Bestimmung des Risikogehaltes von Krediten eine risikosensitivere Alternative durchgesetzt zu haben, die dem deutschen Mittelstand bekömmlicher sein wird. Das wirklich revolutionäre an „Basel II“ ist nämlich die Zulassung eines bankinternen Ratings. Dieses soll es in zwei Varianten geben. Dem einfachen, von Deutschland erkämpften foundation approach und dem erheblich anspruchsvolleren advanced approach. Entscheiden sich die Banken für eines dieser bankinternen Rating-Modelle, müssen sie es von der nationalen Aufsicht genehmigen lassen. Die Aufsicht wird darüber hinaus die Aufgabe haben, diese Rating-Modelle regelmäßig zu kontrollieren.

Anders als beim Standardansatz, der bestimmte Risikogewichte vorgibt, werden die Banken beim internen Rating die Risikogewichte für jeden Kredit individuell berechnen. Dabei werden die Eigenkapitalanforderungen mit Hilfe der vier Risikoparameter „Ausfallwahrscheinlichkeit“, „Verlust bei Ausfall“, „ausstehender Betrag bei Ausfall“ und „Restlaufzeit“ ermittelt. Beim einfachen, für Deutschland maßgeschneiderten foundation approach muss die Bank nur die Ausfallwahrscheinlichkeit selbst schätzen, die anderen Parameter werden von der Aufsicht pauschal vorgegeben. Der Parameter „Ausfall bei Verlust“ („loss given default“, LDG), der eine zentrale Rolle für die Eigenkapitalunterlegung spielt, muss erst beim advanced approach von den Banken selbst geschätzt werden.

Der Aufwand bei der dazu erforderlichen Datenerhebung und der Entwicklung geeigneter Schätzverfahren ist enorm, doch Banken, die den advanced approach beherrschen, dürfen in aller Regel mit einer größeren Eigenkapitalersparnis rechnen. Eine in jeder Hinsicht gerechtfertigte Belohnung. Es ist allerdings zu erwarten, dass nur wenige Banken schon mit Inkrafttreten von „Basel II“ in der Lage sein werden, diese komplexe Methode anzuwenden, was aber nicht ausschließt, dass später andere diese Meisterklasse erreichen.

Die Berechnung der Risikogewichte beim internen Rating ist variabel, sie erfolgt nicht für die gesamte Laufzeit des Kredites. Das Ergebnis ändert sich also innerhalb der Laufzeit mit der sich ändernden Bonität des Kreditnehmers. Die Ratings der Kreditnehmer migrieren positiv oder negativ. An dieser Stelle entfaltet Basel II seine berühmt-berüchtigte prozyklische Wirkung. Die Rating-Migration wird im Großen und Ganzen parallel zur konjunkturellen Entwicklung erfolgen, und das Kreditvergabeverhalten der Banken, das sich aus der Rating-Migration ergibt, wird die jeweilige Phase des konjunkturellen Zyklus verstärken, was volkswirtschaftlich nicht gewollt ist.

Die Rating-Migration wird aber auch fundamentale Fragen für das deutsche Zivilrecht aufwerfen. Der Hintergedanke von Basel II ist, die Banken dazu zu zwingen, risikoadäquate Konditionen im Kreditgeschäft durchzusetzen. Für den Fall, dass sich das Rating eines Kreditnehmers während der Laufzeit eines längerfristigen Kredites verschlechtert, muss die Bank in der Lage sein, eine automatische Zinsanpassung zu vereinbaren. Wäre das zivilrechtlich nicht möglich, könnte Basel II nicht in Deutschland implementiert werden. Oder genauer ausgedrückt: Die Einführung von Basel II in Deutschland würde dazu führen, dass nur noch kurzfristige Kredite vergeben werden könnten. Dann hätten nicht die Amerikaner, sondern das deutsche Zivilrecht die deutsche Langfristkultur zerstört – mit unabsehbarer Wirkung für die Stabilität des Finanzplatzes Deutschland und verheerenden Folgen für den deutschen Mittelstand, der auf langfristige Finanzierung als Eigenkapitalersatz angewiesen ist.

Nach den neuen Baseler Empfehlungen wird die Bankenaufsicht künftig Kreditsicherungsinstrumente wie physische Sicherheiten, Garantien, Kreditderivate, und Nettingvereinbarungen für Bilanzpositionen stärker berücksichtigen. Die Erweiterung des Katalogs der aufsichtlich anerkannten Sicherheiten zählte auch zu den deutschen Forderungen. Um dem möglichen Wertverfall von Sicherheiten entgegenzuwirken, hat der Baseler Ausschuss Wertabschläge – so genannte „Haircuts“ – vorgegeben.

Revolutionär an der Säule I von „Basel II“ ist nicht nur das interne Rating. Künftig soll auch das operationelle Risiko von Banken mit Eigenkapital unterlegt werden – es wurde bislang nur implizit berücksichtigt. Der Baseler Ausschuss versteht unter dem operationellen Risiko „die Gefahr von Verlusten, die in Folge der Unangemessenheit oder des Versagens von internen Verfahren, Menschen und Systemen oder in Folge externer Ereignisse eintreten.“ Diese Definition umfasst auch Rechtsrisiken, nicht aber strategische oder Reputationsrisiken. Bankenkreise gehen davon aus, dass operationelle Risiken durchaus 20 bis 25 Prozent des Gesamtrisikos ausmachen können. Der Baseler Ausschuss wollte deshalb nicht länger die Augen vor diesem Phänomen verschließen – was einigen wenigen US-amerikanischen Banken nicht zu gefallen scheint, die angetreten sind, diese Neuerung am Ende doch noch zu Fall zu bringen.

Doch wie lassen sich operationelle Risiken überhaupt quantifizieren? Der Baseler Ausschuss schlägt drei Messmethoden vor, die durch eine zunehmende Risikosensitivität gekennzeichnet sind, aber auch durch wachsende Komplexität. So soll es künftig einen Basisindikatoransatz geben, einen Standardansatz und ambitionierte Messmethoden. Um den Standardansatz oder eine der ambitionierten Methoden nutzen zu können, müssen Banken der Aufsicht nachweisen, dass sie dazu überhaupt in der Lage sind. So muss die oberste Leitungsebene der Bank „in angemessenem Umfang“ aktiv in die Überwachung des Managementsystems für operationelle Risiken involviert sein. Darüber hinaus muss die Bank ein konzeptionell solides Risikokonzept etabliert haben und über ausreichende Ressourcen verfügen, um den jeweiligen Messansatz in den wichtigsten Geschäftsfeldern, aber auch in den Kontroll- und Revisionsbereichen umsetzen zu können. Dieser neue, qualitative Ansatz wird die Bankenaufseher gehörig ins Schwitzen bringen – noch viel mehr aber die Banken. Doch entsprechend seiner Grundidee wird „Basel II" auch beim operationellen Risiko Institute, die einen der ambitionierten Ansätze wählen, mit niedrigen Eigenkapitalsätzen belohnen.

Ein risikoadäquates Eigenkapitalpolster allein kann die Solvenz einer Bank – und damit auch die Stabilität der Finanzmärkte – nicht sichern. Der Baseler Ausschuss baut daher sein neues Regelwerk nicht nur auf einer Eigenkapitalsäule auf, sondern stellt ihr zwei weitere Säulen zur Seite. Die zweite Säule umfasst das aufsichtliche Überprüfungsverfahren. Der Begriff aufsichtliches Überprüfungsverfahren, im englischen Original supervisory review process oder kurz SRP genannt, steht für die neue Idee einer verstärkt präventiv handelnden Bankenaufsicht – einer Bankenaufsicht, die sich nicht nur auf die Einhaltung der Eigenkapitalanforderungen der ersten Säule konzentriert, sondern die Banken darin bestärkt, oder wenn nötig auch veranlasst, bessere Verfahren für die Steuerung und Überwachung ihrer Risiken zu entwickeln. So sollen Banken künftig zusätzlich zum internen Rating-Prozess über ein Risikomanagementverfahren verfügen, das ihrer Geschäftsstruktur und ihrem Risikoprofil entspricht und mit dem sie ihre Eigenmittelausstattung überwachen können. Die Aufsicht soll diese Verfahren überprüfen – etwa durch die Analyse von Unterlagen, Vor-Ort-Prüfungen oder Gespräche mit dem Management. Banken mit ausgefeilten Risikomanagementmodellen kann sie durch geringere Eigenkapitalanforderungen belohnen – ein großer Ansporn für die Institute, die erhebliche Kosten und Mühen auf sich zu nehmen. Nach den neuen Baseler Spielregeln sollen Banken außerdem über eine Eigenkapitalausstattung verfügen, die über die Mindestanforderungen der ersten Säule hinausgeht, und die Aufsicht darf dies künftig auch einfordern. Gleichzeitig gibt das neue Baseler Regelwerk der Aufsicht die Möglichkeit, frühzeitig zu intervenieren – nämlich bereits dann, wenn nur die Gefahr besteht, dass ein Institut die Mindestkapitalanforderungen aus Säule I nicht einhalten kann.

Was die deutschen Mitglieder im Bankenausschuss – anders als viele ausländischen Kollegen – nicht aufsichtlich festlegen wollen, sind institutsindividuelle Mindesteigenkapitalquoten, die sich an der jeweiligen Risikosituation einer Bank orientieren. Die Baseler Mindestkapitalanforderungen sind solide Richtwerte, die für alle Banken ausreichend sind – von extremen Ausnahmen einmal abgesehen. Die Ausführungen zu dieser Frage sind in allen drei Konsultationsdokumenten auf deutsches Verlangen hin so flexibel gefasst worden, dass die bisherige deutsche Aufsichtspraxis fortgeführt werden kann.

Die dritte Säule des neuen Baseler Akkords trägt den verheißungsvollen Titel „Marktdisziplin". Der Baseler Ausschuss verfolgt damit das hehre Ziel, mit einer Reihe von Offenlegungspflichten eben jene Marktdisziplin zu stärken. Marktteilnehmer sollen in die Lage versetzt werden, Kerninformationen zu Banken – etwa über deren Eigenmittelausstattung, Risikopositionen und Risikomessverfahren – zu erhalten und daraus ihre Schlüsse zu ziehen. Es ist allerdings zu bezweifeln, dass diese Idee so funktioniert, wie ihre Verfechter es immer behaupten, nämlich disziplinierend. Wie oft hat der Markt in Zeiten der Überhitzung die Kontrolle über sich selbst verloren und sie erst wieder gewonnen, nachdem breit gestreute Verluste für Katzenjammer gesorgt haben? Immerhin können diese Offenlegungspflichten keine tief greifenden Schäden anrichten – sie können allerdings teuer werden.

Das dritte Baseler Konsultationspapier, das nach fünf langen Verhandlungsjahren gerade das Licht der Welt erblickt hat, enthält entscheidende Verbesserungen gegenüber seinen Vorgängern. Es ist stark von deutschen Verhandlungserfolgen geprägt: Die deutschen Ausschussmitglieder haben nach schier endlosen Debatten Nachteile bei der Behandlung von Krediten an kleine und mittlere Unternehmen aus dem Weg räumen können. So können beispielsweise Kredite bis zu einer Höhe von einer Million Euro sowohl im Standard- als auch im IRB-Ansatz dem Retail-Portfolio zugeordnet werden, für das geringere Eigenkapitalanforderungen gelten. Die Risikogewichte für Kredite an mittelständische Unternehmen mit einem Jahresumsatz von bis zu 50 Millionen Euro wurden im IRB-Ansatz gesenkt. Auch der Streit um die Behandlung längerfristiger Kredite wurde zu Gunsten Deutschlands entschieden. Im Standardansatz und im einfachen IRB-Ansatz wird es keine Laufzeitaufschläge geben und auch das Retail-Geschäft bleibt von Laufzeitaufschlägen verschont. Selbst im fortgeschrittenen IRB-Ansatz wird es bei Krediten an Unternehmen mit einem Jahresumsatz von bis zu 500 Millionen Euro zufriedenstellende Ausnahmeregelungen geben. Die Kritik, Basel II verteuere die in Deutschland üblichen langfristigen Kredite und bedeute den Tod des Mittelstandes, entbehrt inzwischen jeder Grundlage.

Das dritte Baseler Papier enthält erstmals auch ein relativ ausgereiftes Konzept für die Behandlung von Kreditverbriefungen – Asset Backed Securities – kurz ABS. Die heute üblichen Aufsichtsarbitragen werden damit hoffentlich ein für allemal unterbunden.

Eines der großen Mysterien, die sich um den Turm zu Basel ranken, liegt in der Frage: Warum folgt alle Welt den Empfehlungen, die dort ersonnen werden? Und warum beeinflussen die Baseler Empfehlungen die Gesetzgebung vieler Länder – und das ohne demokratische Legitimation? Gerade dieses Phänomen hat dem Baseler Bankenausschuss den Nimbus der Anmaßung eingebracht – ein Tadel, den er nicht verdient hat.

Die Baseler Aufsichtsstandards sind völkerrechtlich nicht bindend, und jedes Land kann selbst entscheiden, ob es ihnen folgt oder nicht. Was das Expertengremium aus Notenbankern und Aufsehern im Baseler Turm vereinbart, lässt sich nur mit dem Begriff „internationales Aufsichtsregime" zutreffend bezeichnen. Internationale Regime gibt es weltweit auf vielen Gebieten, doch längst nicht alle sind so erfolgreich wie das vom Baseler Ausschuss ersonnene. Die Zahlen sprechen für sich: Der alte Baseler Akkord richtete sich zunächst nur an die international tätigen Banken der mittlerweile dreizehn Staaten, die im Ausschuss vertreten sind. Mit der Zeit hat er sich aber zum weltweit anerkannten Eigenkapitalstandard für eine weitaus größere Gruppe von Banken entwickelt. Mehr als 100 Länder wenden den alten Akkord mittlerweile an – und beim neuen Baseler Akkord wird es kaum anders sein.

Die Frage, warum sich so viele Staaten die Regeln des Baseler Regimes zu Eigen machen lässt sich einfach beantworten. Es entspricht ihrem Interesse – ihrem Interesse daran, anhand weltweit akzeptierter Aufsichtsstandards die nationalen Finanzmärkte nachhaltig zu stabilisieren und Krisen zu vermeiden. Und ihrem vitalen Interesse daran, nicht den Makel zu tragen, „sub standard" zu sein. Die Baseler Anforderungen zu erfüllen, kommt einem Gütesiegel gleich, und das gilt für Staaten *und* Banken. Insofern besteht zwar kein rechtlicher, wohl aber ein faktischer Zwang, den Rufen aus dem Turm zu Basel zu folgen. Denn wer sich ihnen entzieht, riskiert ein schlechtes Rating-Urteil, und wird mit extrem negativen Folgen konfrontiert. Es ist kaum vorstellbar, dass eine größere Bank, die nicht das Baseler Gütesiegel trägt, Zutritt zu den internationalen Kapitalmärkten erhalten könnte. Die Rating-Agenturen haben auch in diesem Spiel eine ungeheure Macht, und der Baseler Ausschuss lebt mit ihnen gewissermaßen in einer unausgesprochen symbiotischen Beziehung.

Der neue Eigenkapital-Akkord wird die Bankenaufsicht in all den Ländern umkrempeln, die auf den Baseler Zug aufspringen. Für Deutschland und die anderen Mitgliedstaaten der Europäischen Union wird dieser Zug den Umweg über Brüssel fahren. Zeitnah zu den Arbeiten des Baseler Ausschusses für Bankenaufsicht hat die EU-Kommission damit begonnen, die EU-Eigenkapitalvorschriften zu überarbeiten. Das EU-Projekt trägt den Namen „Capital Adequacy Directive III" – kurz „CAD III". Gerade hat die Kommission ein riesiges Paket an Konsultationsdokumenten auf die Reise geschickt – wahrlich keine leichte Ferienlektüre. Inhaltlich lehnt sich die Kommission eng an die Arbeiten des Baseler Ausschusses an. Allen Unkenrufen zum Trotz hat sie sich bewusst dafür entschieden – unterstützt von allen 15 Mitgliedstaaten. Mit gutem Grund. Die Kommission will damit sicherstellen, dass nicht nur – wie von Basel gewollt – die international tätigen Banken, sondern auch die vielen kleinen und mittleren Institute der EU die neuen Regeln anwenden können, um Wettbewerbsverzerrungen im europäischen Binnenmarkt zu verhindern.

Auch wenn mancherorts die Wellen der Empörung hoch schlagen: Es ist nicht neu, dass sich die EU am Turm zu Basel orientiert. Sie hat es schon bei Basel I getan. Der Akkord aus dem Jahr 1988 hat die europäischen Eigenmittel- und Solvabilitätsrichtlinien von 1989 maßgeblich beeinflusst. Gleiches gilt für die Ergänzung des Baseler Akkords aus dem Jahr 1996, die eingangs schon erwähnt wurde. Nach ihrer Veröffentlichung war die Novellierung der EU-Kapitaladäquanzrichtlinie aus dem Jahr 1993 unabweisbar. Via Brüssel hat Basel I seinerzeit auch Eingang ins deutsche Bankenaufsichtsrecht gefunden. Der Grundsatz I der deutschen Bankenaufsicht trägt eindeutig die Handschrift des Baseler Ausschusses. Und das ist auch gut so, denn mit Basel I hat die internationale Bankenaufsicht seinerzeit den Schritt aus dem bankaufsichtlichen Mittelalter in die Neuzeit geschafft. Seitdem ist zwar viel Wasser den Rhein hinunter geflossen. Aber der fließt – wie kann es anders sein – nahe am Turm zu Basel vorbei.

Die EU hat im Baseler Ausschuss einen exzellenten Vordenker gefunden. Kein Wunder also, dass sie sich sehr eng an das neue Baseler Regelwerk anlehnt. So wird auch die neue EU-Gesetzgebung stark von den Verhandlungserfolgen geprägt sein, die die deutschen Akteure im Baseler Ausschuss erkämpft haben. Die Kommission hat zum Beispiel die für Deutschland so wichtigen Erleichterungen für die Vergabe von Krediten an kleine und mittlere Unternehmen in ihr drittes Konsultationspapier übernommen. Ganz im

Sinne der Entscheidungen im Baseler Turm will die Kommission vorerst auch an der alten EU-Eigenmittelrichtlinie festhalten. Sie legt fest, welche Mittel als bankaufsichtliches Eigenkapital angesehen werden können, und war die Vorgabe für die Definition des haftenden Eigenkapitals in Paragraph 10 des Kreditwesengesetzes. Der entsprechende Regelungsbereich des alten Baseler Akkords bleibt ebenfalls – von geringen Ausnahmen abgesehen – bis auf weiteres unverändert. Am Horizont könnte aber in nicht all zu ferner Zeit „Basel III" auftauchen, denn bei der Phantasie der Märkte, bei den Eigenkapitalkomponenten immer neue Variationen zu entwickeln, besteht auch hier Überarbeitungsbedarf beim Aufsichtsstandard.

Unter den wenigen Abweichungen, die sich zwischen Basel II und den neuen EU-Eigenkapitalvorschriften abzeichnen, gibt es einige, die für Deutschland von großer Bedeutung sind. Die mit Abstand wichtigste ist die, die schon zuvor erwähnt wurde. Während sich Basel II hauptsächlich an international agierende Banken und Bankengruppen richtet, sollen die neuen Brüsseler Eigenkapitalvorschriften für alle Kreditinstitute und Wertpapierfirmen mit Sitz in der EU gelten – unabhängig davon, ob sie international aktiv sind oder nur national. Die EU wird hier ihre eigenen, europäischen Akzente setzen – eine Praxis, die sich bereits bei der Umsetzung von Basel I bewährt hat. So sollen zum Beispiel die Regeln für kleinere Institute etwas flexibler gestaltet werden, als dies im neuen Baseler Akkord vorgesehen ist, der sich an hoch entwickelte Banken richtet, die miteinander im weltweiten Wettbewerb stehen.

Die Ankündigung aus den USA, „Basel II" zwingend nur auf zehn international agierende Banken anzuwenden und vielleicht zehn weitere freiwillige Teilnehmer zur Baseler Fahne zu rufen, hat für mächtigen Wirbel gesorgt. In diesem Zusammenhang stellt sich die Frage, ob die EU wie bisher mit Hochdruck an der durch Basel geprägten Gesetzgebung weiterarbeiten soll. Und wenn ja, ob sie sich weiter so streng an den Baseler Vorgaben orientieren soll, wie das zurzeit der Fall ist. Die Antwort auf diese Fragen ist ein klares Ja. Unter Wettbewerbsgesichtspunkten kann es Europa egal sein, ob eine Bank, die in Idaho oder Tennessee ihren regionalen Geschäften nachgeht, „Basel II" unterworfen wird oder nicht.

Viel wichtiger ist die Beantwortung der Frage: Was passiert mit den US-Töchterbanken deutscher oder anderer europäischer Kreditinstitute? Und wie behandeln Deutschland und die anderen EU-Mitglieder die hiesigen Tochterbanken amerikanischer Institute? Hier müssen die EU und die USA auf der

Grundlage der Geltung der Heimatlandregeln zu einer „mutual recognition" kommen, der gegenseitigen Anerkennung der jeweiligen nationalen Vorschriften. Wenn die US-Aufsichtsbehörden ihren eigenen Banken den foundation approach, den einfacheren der IRB- Ansätze, nicht zur Verfügung stellen, müssen sie diesen gleichwohl für ausländische Tochterbanken auf ihrem Gebiet zulassen. Hier müssen klare Abreden mit den US-Aufsichtsbehörden getroffen werden, sonst kommt es doch noch partiell zu einer babylonischen Sprachverwirrung, die den deutschen international tätigen Banken hohe Kosten aufbürden würde.

Die Kommission will den Fahrplan für den EU-Rechtssetzungsprozess so gestalten, dass die neue Eigenkapital-Gesetzgebung Ende 2006 in Kraft tritt – zeitgleich mit „Basel II". Diese Synchronisierung ist unbedingt erforderlich, der Umweg des Baseler Zuges über Brüssel darf den Banken aus EU-Staaten keine Nachteile im internationalen Wettbewerb bescheren. Bei der Umsetzung von Basel II will die Kommission einen „3-strands-approach" fahren – einen Drei-Stränge-Ansatz. Im ersten Strang sollen die wesentlichen Rahmenvorschriften in einer Richtlinie geregelt werden – ihren Vorschlag will die Kommission im Frühjahr 2004 vorlegen. Im zweiten Strang werden die technischen Details in den Anhängen festgelegt; wobei der Begriff „technische Details" sicher weitere Regelungsbereiche umfasst, deren Bedeutung man nicht unterschätzen sollte. Richtlinie und Anhänge sollen im üblichen Mitentscheidungsverfahren verabschiedet werden, das heißt unter Beteiligung des Europäischen Rates und des Europäischen Parlamentes. Mit der Verabschiedung dürfte zwar nicht vor 2005 zu rechnen sein, es ist aber davon auszugehen, dass die Richtlinie trotzdem pünktlich in Kraft treten kann. Im dritten Strang sollen die EU-Bankenaufseher Aufsichtsrichtlinien zur einheitlichen Umsetzung der EU-Vorschriften verabreden – ein Novum, das über die herkömmliche EU-Gesetzgebung hinausgeht.

Der springende Punkt ist folgender: Während spätere Änderungen der Rahmenvorschriften nur im Mitentscheidungsverfahren möglich sein sollen, sollen künftige Änderungen der Anhänge im so genannten Komitologieverfahren durchgeführt werden. Sie sollen also von der Kommission in Kooperation mit dem „European Banking Committee" – kurz „EBC" – beschlossen werden. Den Wunsch, künftigen Änderungen der Anhänge eine Gesetzgebung im Zeitraffertempo angedeihen zu lassen, erscheint durchaus angebracht, denn der Komitologie-Turbo bietet die Möglichkeit, das neue Regelwerk zügig an die Entwicklungen der Märkte anzupassen, wenn dies erforderlich ist. Allerdings will das Europäische Parlament seine Zustimmung dazu nur dann geben, wenn Artikel 202 des EU-Vertrages geändert wird und das Parlament Änderungen durch das Komitologieverfahren widerrufen kann, ihm also ein Rückholrecht eingeräumt wird – ein legitimes Anliegen eines der wichtigsten Organe der Gemeinschaft, dessen Rolle eigentlich gestärkt und nicht geschwächt werden sollte. Da die Baseler Uhr tickt, ist es wichtig, dass bald ein Kompromiss gefunden wird, der alle Beteiligten zufrieden stellt: Industrie und Aufseher, die sich Flexibilität und schnelle Gesetzgebungsprozesse wünschen, und das Europäische Parlament in seinem Verlangen, das Verfahren demokratisch zu kontrollieren.

Das EBC soll sich aus einem Teil des bisherigen „Banking Advisory Committee“ („BAC“) rekrutieren, nämlich aus den dort mitwirkenden Vertretern der zuständigen Ministerien. Hinzu kommen soll je ein nationaler Experte ohne Stimmrecht. Über die Umsetzung von Basel II hinaus soll das EBC künftig im gesamten Bereich der Bankenaufsicht als Komitologie-Ausschuss auf der Stufe 2 des sogenannten „Lamfalussy-Verfahrens“ fungieren. Dieses vierstufige Verfahren ist benannt nach seinem geistigen Urheber, Baron Alexandre Lamfalussy, dem ehemaligen Präsidenten des Europäischen Währungsinstitutes. Bislang wird es nur im Bereich der Wertpapieraufsicht angewendet, es soll aber auf die Banken- und Versicherungsaufsicht ausgedehnt werden. Anders als bei der Umsetzung von Basel II sollen beim Lamfalussy-Verfahren auch die Details selbst und nicht nur deren spätere Änderungen auf der Stufe 2 verabschiedet werden – also ohne Beteiligung des EU-Parlamentes. Die Vorbehalte des Parlaments sind daher die Gleichen wie bei der Umsetzung des neuen Baseler Akkords. Die Vertreter der Bankaufsichtsbehörden und Notenbanken im bisherigen BAC werden den noch zu gründenden Level 3-Ausschuss bilden, das „Committee of European Banking Supervisors“ („CEBS“). Es wird im Lamfalussy-Verfahren eine zentrale Funktion als hochrangiges Beratungsgremium für die EU-Kommission einnehmen, und diese bei ihren gesetzgeberischen Initiativen mit dem erforderlichen Fachwissen unterstützen.

Schließlich ist in diesem Zusammenhang noch auf eine große Unbekannte hinzuweisen, der allergrößtes Gewicht zukommt: Ich meine die zukünftige EU-Verfassung, die in ihrem Teil I Titel V Kapitel I das europäische Gesetzgebungsverfahren grundlegend neu regeln soll. Welche Auswirkungen sich daraus auf die Umsetzung von Basel II in europäisches Recht ergeben werden, bleibt abzuwarten.

Das Europäische Parlament ist wahrscheinlich das Gremium, das aus heutiger Sicht die größten Probleme mit den Produkten hat, die im Turm zu Basel erzeugt werden. Den EU-Parlamentariern muss es ein Dorn im Auge sein, dass internationale Empfehlungen wie „Basel II" de facto einen festen Rahmen für die europäische Gesetzgebung vorgeben – ohne dass die Autoren des Werkes etwas vorweisen können, das annähernd einem demokratischen Mandat entspricht. Keinem Gesetzgebungsorgan kann es gefallen, fremdbestimmt agieren zu müssen. Bei allem Verständnis für diese Sorge, scheint das Ganze im Falle von „Basel II" aber nicht ganz so dramatisch zu sein. „Basel II" höhlt demokratische Prozesse nicht aus, es liefert nur gedankliche Vorlagen von hoher Qualität. Die EU-Gesetzgebungsorgane sind nicht gezwungen, Basel II umzusetzen. Sie sollten es allerdings tun – weil ihnen nichts Besseres in die gesetzgeberische Feder fließen kann. Am Ende wird der Turm zu Basel als das weiter bestehen, was er immer war: kein Hort der Anmaßung, sondern eine hochkarätige Ideenschmiede, die permanent die Modernisierung der Bankenaufsicht vorantreibt – zu Nutz und Frommen der ganzen Welt.

Basel II und die Auswirkungen auf mittelständische Kreditinstitute

Jochen Lehnhoff, Rechtsanwalt, Mitglied des Vorstandes des Bundesverbandes der Deutschen Volksbanken und Raiffeisenbanken e.V., Berlin

I. Einführung

II. Anwendungsbereich der Regelung

III. Gesamtkapitalanforderungen, Randziffer 23

IV. Dauerhafter Partial Use

V. Quantitative Begrenzungsregeln

I. Einführung

Dieses Thema scheint offensichtlich heftig umstritten zu sein, denn z.B. wurde vor kurzem in der Süddeutschen Zeitung berichtet, „Basel II benachteiligt kleine Banken" (vom 28.11.2003), während es im Handelsblatt hieß, „kleinere Banken profitieren von Basel II-Reform" (vom 6.12.2002).

Also allemal ein Thema, das man näher untersuchen muss. Die jetzigen Arbeiten am Baseler Regelwerk unterscheiden sich in ihrer Wirkung deutlich von den Arbeiten im Zusammenhang beispielsweise mit der Erfassung des Marktrisikos, von denen die kleineren und mittleren Kreditinstitute nicht im gleichen Maße betroffen waren wie die großen, international ausgerichteten Häuser und bei denen zumindest über die Brüsseler Schiene dementsprechend auch eine Differenzierung zwischen Handelsbuch- und Nicht-Handelsbuchinstituten zugelassen wurde. Vergleichbares findet sich nach dem bisherigen Diskussionsstand weder im jüngst veröffentlichten 3. Konsultationspapier des Baseler Ausschusses, noch in den bis heute vorgelegten Arbeitspapieren der EU-Kommission zu dieser Thematik, die allgemein als Brüssel-neu bezeichnet werden.

II. Anwendungsbereich der Regelung

Sowohl der Baseler Ausschuss als auch die EU-Kommission plädieren dafür, die neuen Regelungen umfassend, d.h. auf ausnahmslos alle Kreditinstitute anzuwenden.

Bereits an dieser Stelle wird gerade von kleinen und mittleren Instituten häufig die Frage aufgeworfen, ob es überhaupt sinnvoll ist, die schöne neue Welt von Basel II in dieser Form allen Instituten verpflichtend vorzugeben, oder ob es nicht gerechtfertigt ist, gerade für kleinere und mittlere, regional und örtlich ausgerichtete Institute eine Ausnahmeregelung dahingehend zu zulassen, dass diese auch weiterhin die bisherigen Vorgaben von Basel I bzw. der Solvabilitätsrichtlinie und des darauf fußenden Grundsatzes I anwenden dürfen.

Für eine solche Ausnahmeregelung wird häufig auf die jüngsten Entwicklungen in den Vereinigten Staaten verwiesen, wonach die US-Aufseher ganz offenbar die Absicht haben, die anspruchsvollen und komplexen Regelungen aus Basel II lediglich auf einige wenige bedeutende, international tätige Banken anzuwenden. Mit Blick auf diese Entwicklung wird von verschiedenen Seiten darauf gedrängt, auch in Europa eine ähnliche Beschränkung des Anwendungsbereichs vorzunehmen.

Darüber hinaus ließe sich bei einer Freistellung kleinerer und mittlerer Institute von den Neuregelungen eine ansonsten befürchtete hohe Kostenbelastung und ein erheblicher Aufwand infolge der Umstellungsnotwendigkeiten vermeiden. Schließlich gehen die Verfechter dieser Position davon aus, dass es bei einer derartigen Verfahrensweise zu keinen höheren Eigenkapitalbelastungen gegenüber dem status quo kommt.

Ich möchte ganz deutlich betonen, dass ein solcher Regelungsansatz aus meiner Sicht keinen Sinn macht.

Das Rechtsetzungsvorhaben in Basel trägt nur den ohnehin bestehenden betriebswirtschaftlichen Notwendigkeiten einer verbesserten Risikomessung und -steuerung Rechnung. Selbst ohne gesetzlich zwingende Vorgaben werden diese betriebswirtschaftlichen Notwendigkeiten die Institute über kurz oder lang zwingen, entsprechende Veränderungen vorzunehmen. Abgesehen hiervon sprechen aber auch weitere, völlig unterschiedliche Aspekte gegen die skizzierte Ausnahmeregelung:

Zunächst ist darauf hinzuweisen, dass die derzeitige Situation in den Vereinigten Staaten das Ergebnis jüngerer politischer Entwicklungen ist. Während sich die Politik in Deutschland bereits zu einem sehr frühen Zeitpunkt sehr intensiv der Baseler Diskussionen angenommen und auf diese auch Einfluss genommen hat, waren die Arbeiten des Baseler Ausschusses in den USA lange Zeit offenbar allein ein Thema für die US-Aufseher. Zwischenzeitlich aber, gleichsam auf der Zielgeraden des Baseler Prozesses, ist nunmehr auch die amerikanische Politik auf dieses Thema aufmerksam geworden und die US-Aufseher versuchen offenbar mit der Beschränkung des Anwendungsbereichs von Basel II auf einige wenige Häuser zu verhindern, dass das Projekt Basel II auf der politischen Ebene gekippt wird.

Abgesehen von diesen Hintergründen für die Beschränkung des Anwendungsbereichs der Regelung in den USA ist darüber hinaus darauf hinzuweisen, dass die Wettbewerbssituation der betroffenen Institute in den USA auf der einen und in Europa bzw. Deutschland auf der anderen Seite gänzlich unterschiedlich ist. Während die Märkte in den USA nach wie vor relativ stark segmentiert sind, ist die Situation gerade in der Bundesrepublik so, dass große wie auch kleine Häuser auf denselben Märkten mit denselben Produkten um dieselben Kunden konkurrieren. Würde man darüber hinaus gerade die kleinen und mittleren Kreditinstitute von der Anwendung der Baseler Regelungen ausschließen, hieße dies auch, die Institute einer entsprechenden Chance zu berauben, so dass auch dieser Aspekt gegen eine Beschränkung des Anwendungsbereichs spricht.

Schließlich ist auch darauf hinzuweisen, dass die aktuellen Baseler Vorschläge aufgrund der drei zur Auswahl stehenden Verfahren – modifizierter Standardansatz, Basis IRB-Ansatz und fortgeschrittener IRB-Ansatz eine große Flexibilität bieten, die es gerade auch mit Blick auf den Standardansatz unnötig erscheinen lässt, kleine und mittlere Kreditinstitute von der Anwendung der neuen Regelungen auszuschließen oder freizustellen. Ein Institut, welches den Umsetzungsaufwand von Basel II/Brüssel-neu möglichst gering halten will, kann sich für den modifizierten Standardansatz entscheiden.

Die zahlreichen mitunter kontroversen Diskussionen um Basel II haben insoweit eine erhebliche Verunsicherung innerhalb der Kreditwirtschaft bewirkt. So dürfte derzeit eine nicht unerhebliche Zahl insbesondere kleinerer und mittlerer Kreditinstitute eine eher ablehnende oder zumindest abwartende Haltung gegenüber Basel II einnehmen. Die insbesondere noch auf der Grundlage des 2. Konsultationspapiers empfundene Unvorteilhaftigkeit und die auch nach Vorlage des 3. Konsultationspapiers nicht geminderte Komplexität der bankinternen Ratingansätze hat sicher dazu beigetragen, dass einige Kreditinstitute derzeit den Standardansatz präferieren. Argumentiert wird dabei häufig, die IRB-Ansätze seien einerseits zu komplex und andererseits mit erheblichen Kosten für die Entwicklung und Wartung der notwendigen Systeme, der Schulung von Mitarbeitern usw. verbunden.

Die geschäftspolitische Wirkung wäre allerdings problematisch: Eine dauerhafte Anwendung des modifizierten Standardansatzes würde bestehende Strukturen zementieren, die Portfolioqualität würde sich kontinuierlich weiter verschlechtern und damit perspektivisch neue Probleme schaffen. Gleichzeitig würde die Entwicklung, Implementierung und Anwendung der aus betriebswirtschaftlicher Sicht dringend gebotenen Steuerungssysteme vermutlich nicht mit dem erforderlichen Nachdruck vorangetrieben werden. Es gilt daher gerade auch für kleinere und mittlere Institute zu erkennen, dass eine Teilnahme an den IRB-Ansätzen von Basel II eine Chance zur Stabilisierung der Erträge und Begrenzung der Risiken vornehmlich im mittelständischen Firmenkundengeschäft bedeutet.

Neben all diesen Aspekten dürfte aber letztlich für die Institute das Kriterium der regulatorischen Eigenkapitalbe- oder -entlastungseffekte der jeweiligen Ansätze von ganz zentraler Entscheidungsrelevanz sein. Und auch hier bestätigen die jüngst veröffentlichten Ergebnisse der dritten Auswirkungsstudie QIS-3, das der interne Ratingansatz dem modifizierten Standardansatz überlegen ist.

Bei den Genossenschaftsbanken ist dieses Ratingverfahren bereits zum großen Teil entwickelt worden und zwei Drittel der Banken haben die entsprechenden Systeme bestellt, ihre Mitarbeiter geschult und mit der Sammlung der notwendigen Daten begonnen. Anfang 2005 soll ein Basel-konformes Ratingsystem flächendeckend eingeführt sein.

Das aufsichtsrechtliche Back-testing muss dann nicht mehr dezentral, sondern wird zentral beim Bundesverband der Deutschen Volksbanken und Raiffeisenbanken durchgeführt.

Die Kosten dafür sind enorm hoch. Sie entstehen durch die Entwicklung des Ratingsystems, IT-Kosten und die Einstellung und Ausbildung von Spezialisten.

Es ergibt sich aber neben besseren Erkenntnis- und Steuerungsmöglichkeiten auch die konkrete Chance, insgesamt höhere Zinsmargen mittels einer risikoadäquaten Zinsberechnung am Markt zu erzielen.

Die entsprechenden, von der Deutschen Bundesbank am 5. Mai 2003 veröffentlichten Ergebnisse zeigen, dass für die kleinen und mittleren Kreditinstitute, die als Gruppe 2 Banken bezeichnet werden, bei Verwendung des modifizierten Standardansatzes im Durchschnitt keine Veränderung der risikogewichteten Aktiva gegenüber dem bisherigen Grundsatz I festzustellen ist, während es bei Verwendung des Basis-IRB-Ansatzes zu einer durchschnittlichen Eigenkapitalentlastung von ca. 10 Prozent kommt. Auffällig ist dabei jedoch, dass diese Zahlen sowohl im Vergleich mit den Ergebnissen der entsprechenden Institute aus den G-10-Staaten, wie auch im Vergleich mit den übrigen EU-Staaten im IRB-Bereich deutlich schlechter ausfallen, während beim modifizierten Standardansatz geringfügig bessere Ergebnisse erzielt werden. Insbesondere die Zahlen für den IRB-Bereich liefern einen weiteren Beleg dafür, dass die konjunkturelle Situation in der Bundesrepublik Deutschland ganz offensichtlich schlechter ist als im G-10-Bereich oder auch im Bereich der übrigen EU-Staaten.

Losgelöst von Detailunterschieden bei den Ergebnissen der einzelnen Vergleichsgruppen lässt sich jedoch auf der Grundlage der genannten Durchschnittswerte die Einschätzung der deutschen Aufsicht bestätigen, dass die Ergebnisse der QIS-3 die Erreichung des vom Baseler Ausschuss angepeilten Ziels einer möglichst weitgehenden Neutralität des modifizierten Standardansatzes und einer leichten Eigenkapitalabsenkung bei Verwendung des internen Ratingansatzes verifizieren.

Dabei ist jedoch mit Nachdruck darauf hinzuweisen, dass diese Aussage lediglich für die ermittelten Durchschnittswerte gilt. Sorge bereiten müssen die zum Teil erheblichen Spreads in den Ergebnissen, die sich wie ein roter Faden durch sämtliche Vergleichsgruppen ziehen. Diese Spreads sind durchgängig so groß, dass zwangsläufig Zweifel an der Sauberkeit der Ergebnisse entstehen müssen. Es besteht der nachhaltige Verdacht, dass die Ergebnisse der QIS-3 die Wirklichkeit der jeweiligen Institutsgruppen nicht exakt widerspiegeln. Die QIS-3 ist insgesamt mit Vorsicht zu genießen. Sie liefern eher Tendenzen, denn echte Wahrheiten. Insoweit ist es auch nachdrücklich zu begrüßen, dass seitens der Aufsicht angekündigt worden ist, vor einer endgültigen Umsetzung der Baseler Vorgaben zumindest eine weitere Auswirkungsstudie durchzuführen, um die Richtigkeit der Kalibrierung der Baseler Regelungen nochmals überprüfen zu können. Aber selbst wenn die Ergebnisse der QIS-3 im Rahmen einer möglichen QIS-4 bestätigt würden, ist damit letztlich nicht mehr ausgesagt, als dass durchschnittlich die Gruppe-2-Banken bei Verwendung des Basis-IRB-Ansatzes Eigenkapitalentlastungen erzielen würden.

Bezogen auf das einzelne Institut helfen die Ergebnisse der QIS-3 dagegen kaum weiter. Im Einzelfall finden sich neben Instituten, die wohl noch am ehesten dem angepeilten Ergebnis des Baseler Ausschusses nahe kommen, Institute, bei denen die Anwendung des modifizierten Standardansatzes zu Abschlägen und die Anwendung des IRB-Ansatzes zu zum Teil massiven Zuschlägen führen.

Anhand dieser Darstellung möchte ich lediglich deutlich machen, dass zwar im Vergleich zu beispielsweise den Ergebnissen aus vorhergehenden Auswirkungsstudien viele Verbesserungen bereits erreicht worden sind, die zwischenzeitlich auch ihren Niederschlag im 3. Konsultationspapier gefunden haben. Dabei sei nicht verschwiegen, dass diese positiven Veränderungen zum großen Teil auch Erfolge der deutschen Verhandlungsführung darstellen. Die im Rahmen der QIS-3 ermittelten Zahlen rechtfertigen aber ebenso die Feststellung, dass nach wie vor noch Verbesserungsbedarf besteht.

III. Gesamtkapitalanforderungen, Randziffer 23

Da ist zunächst der Punkt der Gesamtkapitalanforderungen. Auch das 3. Konsultationspapier des Baseler Ausschusses sieht weiterhin für Institute, die einen IRB-Ansatz verwenden wollen, vor, dass sie während der ersten beiden Jahre nach Inkrafttreten der neuen Eigenkapitalvereinbarung, d.h. in den Jahren 2007 und 2008 eine maximale Eigenkapitalentlastung von 10 Prozent im Jahre 2007 und von 20 Prozent im Jahre 2008, jeweils bezogen auf die Eigenkapitalanforderungen per Ende 2006 vorhalten müssen. Gegebenenfalls können diese Grenzwerte auch in späteren Jahren noch fortgeführt werden.

Eine solche Regelung verringert eindeutig den Anreiz, gerade auch für kleinere und mittlere Institute anstelle des modifizierten Standardansatzes einen IRB-Ansatz umzusetzen. Nicht nur, dass den Instituten die Möglichkeit genommen wird das volle Eigenkapitalentlastungspotenzial, welches ihr entsprechend risikoarmes Portfolio eigentlich eröffnen würde, auszunutzen. Darüber hinaus müssten diese Institute auch noch die bisherigen Systeme zur Ermittlung der Eigenkapitalanforderungen aufrechterhalten, da sie diese zur Berechnung der Bezugsgrößen weiterhin benötigen. Insofern wird hierdurch der Einspareffekt noch weiter nivelliert und die Attraktivität des IRB-Ansatzes zusätzlich gesenkt.

Deshalb ist es sinnvoller, den anderenfalls befürchteten zu starken Absenkungen in den Eigenkapitalanforderungen gegebenenfalls über andere Mechanismen im Rahmen der Säule 2 zu begegnen.

IV. Dauerhafter Partial Use

Ein weiteres, gerade auch für kleinere und mittlere Institute zentrales Problem sind die Regelungen hinsichtlich einer partiellen Anwendung der unterschiedlichen Ansätze. Gerade dies würde ein Mehr an Flexibilität zugunsten der Institute und damit auch Anreize in Teilbereichen zu anspruchsvolleren Risikomess- und Steuerungsverfahren zu wechseln, schaffen.

Nach den Regelungen im 3. Konsultationspapier (Rz. 228) ist ein dauerhafter Partial Use nur für

- wenige Engagements in unbedeutenden Geschäftseinheiten sowie
- Forderungsklassen, die im Bezug auf ihre Größe und ihr inhärentes Risikoprofil als unwesentlich zu bezeichnen sind, möglich.

Abweichend hiervon ließ Brüssel bis vor kurzem einen dauerhaften Partial Use sowohl für den Bereich der Staatsfinanzierungen, als auch für das Interbankengeschäft zu. Dies ist jetzt wieder relativiert.

Es würde aber eine erhebliche Entlastung darstellen, gerade auch für kleinere und mittlere Institute, da sie so nicht gezwungen wären, aufwendige Systeme für diese Bereiche zu implementieren, sondern hier mit den Regelungen des modifizierten Standardansatzes arbeiten dürften. Auch unter Risikogesichtspunkten erscheint diese Vorgehensweise unproblematisch, zumal sich die Frage stellt, welche Erkenntnisse etwa die Volks- oder Raiffeisenbank X oder die Sparkasse Y über die Bonität beispielsweise des Staates Z mit einem eigenen internen Ratingsystem gewinnen sollte, die von den großen international tätigen Ratingagenturen, die ihre Staatsratings publizieren, nicht gewonnen werden kann. Insoweit erscheint es unbedenklich, wenn diese Ratingergebnisse dann auch von der Volks- oder Raiffeisenbank X oder der Sparkasse Y verwendet werden dürfen.

Nun mag sich der eine oder andere von Ihnen fragen, warum es aus Sicht eines Instituts, welches alleine den Brüsseler Vorgaben, nicht jedoch den Baseler Regelungen unterliegt, ein Problem darstellen soll, dass nur Brüssel, nicht jedoch auch Basel diese Möglichkeit eröffnet. Die Antwort auf diese

Frage findet sich bei einem Blick auf die Verbundstruktur der Volks- und Raiffeisenbanken sowie der Sparkassen in Deutschland.

In beiden Verbundgruppen gibt es Zentralinstitute, die dem Baseler Gentlemen's Agreement beigetreten sind und solche, die diesen Regelungen nicht unterliegen. Das Auseinanderfallen der Regelungen zwischen Basel und Brüssel im Bereich des Partial Use führt bei dieser Ausgangslage für verbundinterne Geschäfte dazu, dass beispielsweise Zentralinstitute für die Ermittlung der Eigenkapitalunterlegungsverpflichtung von Interbankengeschäften mit ihren Primärinstituten die Bonität dieser Häuser im Wege des Ratings ermitteln müssen, während andere Zentralinstitute hinsichtlich ihrer Mitgliedsinstitute die Möglichkeit hätten, die entsprechenden Risikoaktiva nach den Vorgaben des modifizierten Standardansatzes mit 20 Prozent anzurechnen. Insoweit würde es innerhalb der Verbundstrukturen zu unterschiedlichen Konditionen kommen.

Ähnliche Auswirkungen wie auf das verbundinterne Interbankengeschäft ergäben sich auch im Bereich des Fördergeschäfts. Aufgrund des Hausbankenprinzips und der Durchleitung der Förderkredite über die Zentralinstitute und die Primärinstitute kommt es aufgrund des Auseinanderfallens der Baseler und der Brüsseler Regelungen innerhalb der Verbundstrukturen auch insoweit zu unterschiedlichen Konditionengestaltungen. Hinsichtlich des Förderkreditgeschäfts ergäbe sich mithin durch diese Problematik ein Flickenteppich von Einzellösungen innerhalb der Bundesrepublik. Eine Situation, die aller Voraussicht nach aus Sicht des Bundes nicht wünschenswert erscheinen wird.

All diese Probleme ließen sich vermeiden, wenn der Baseler Ausschuss sich entschließen würde, ähnlich wie die EU-Kommission bisher für die Teilbereiche „Banken" und „Staaten" optional die Möglichkeit für eine dauerhaften Partial Use vorzusehen. Sofern dies nicht möglich ist, sollte zumindest insoweit ein nationales Ermessen zugunsten des Aufsehers eingeräumt werden, um die beschriebenen negativen Entwicklungen vermeiden zu können.

Auch im Bereich der Retailkredite besteht Handlungsbedarf. Im Vergleich des internen Rating und des Standardansatzes zeigt sich, dass die Dreiteilung des Retailansatzes bei Verwendung der IRB-Variante zu einer insoweit komplexeren Regelung führt. Die Absicht des Baseler Ausschusses, im IRB-Retailansatz eine gesonderte Risikogewichtungsfunktion für private Wohnungsbaukredite einzuführen, erhöht aber nicht nur die Komplexität des internen Ratingansatzes, sie ist auch nicht risikogerecht. Die höheren Risikogewichte für private Wohnungsbaukredite ergeben sich vor allem aus der unterstellten höheren Asset-Korrelation. Ein solcher Unterschied lässt sich meines Erachtens nicht begründen, da hinter den Forderungen der einzelnen Subportfolios grundsätzlich die gleichen Kunden stehen. Aus diesem Grunde sollte die Risikogewichtungsfunktion für „Übriges Retail"-Forderungen auch auf private Wohnungsbaukredite angewendet werden.

V. Quantitative Begrenzungsregeln

Über die Kredithöchstgrenzen hinaus verlangt der Baseler Ausschuss für die Zuordnung eines Kredits zum Retailsegment eine weitergehende quantitative Begrenzung, die dafür Sorge trägt, dass das Retailsegment insgesamt eine ausreichend granulare Struktur aufweist. Dies gilt sowohl für den modifizierten Standardansatz, wie auch für den internen Ratingansatz. Die 0,2-Prozentgrenze, die ursprünglich verpflichtend als entsprechendes Granularitätskriterium vorgesehen war und die dazu geführt hätte, dass erst Institute mit einem Retailportfolio im Volumen von 500 Mio. € und mehr die vorgesehene Kredithöchstgrenze von 1 Mio. € bei mittelständischen Kreditnehmern hätten ausnutzen können, ist als verpflichtende Grenze im 3. Konsultationspapier nun nicht mehr vorgesehen. Allerdings sieht das 3. Konsultationspapier des Baseler Ausschusses die entsprechende Größenordnung nach wie vor zumindest als Beispielfall im Regelungsbereich des modifizierten Standardansatzes vor.

Im internen Ratingansatz ist die Vorgabe dagegen relativ unpräzise. Es dürfte jedoch nicht allzu verwegen sein anzunehmen, dass die Bankenaufsicht ähnliche Grenzen für den modifizierten Standardansatz, wie auch den internen Ratingansatz vorgeben wird. Das es sich dabei dann jedoch um die 0,2-Prozentgrenze handelt, kann ich mir kaum vorstellen, da anderenfalls die erreichte Herausnahme dieser expliziten Grenze aus dem Baseler Papieren dann seitens der Aufsicht wieder konterkariert würde.

Ich denke, es ist deutlich geworden, dass die Regelungen des Baseler Ausschusses, wie sie sich aus dem 3. Konsultationspapier ergeben noch an verschiedenen Stellen verbesserungsbedürftig sind. Auch wenn die jetzt vorliegende 3. Version des Konsultationspapiers nach der Vorstellung des Baseler Ausschusses schon sehr nahe an der angestrebten endgültigen Version liegen wird und es alleine schon mit Blick auf den sehr ehrgeizigen Zeitplan bis zur endgültigen Verabschiedung des Akkords Ende des Jahres schwierig werden wird, noch substanzielle Veränderungen an den Regelungen vorzunehmen, bin ich doch der Meinung, dass es die Aufgabe der deutschen Verhandlungsführer sein muss, für die Interessen und Bedürfnisse der deutschen Kreditinstitute nochmals nachdrücklich auch im Rahmen der 3. Konsultationsphase anzutreten. Jede andere Verfahrensweise müsste ansonsten konsequenterweise zu einem Verzicht auf jegliche weitere kritische Auseinandersetzung mit dem Konsultationspapier führen. Dann wäre jedoch die 3. Konsultationsphase nicht mehr als eine Pflichtübung. Dies sollte schon alleine deshalb nicht geschehen, weil die zurzeit noch nicht vorliegenden offiziellen Vorschläge der EU-Kommission das Baseler Papier sicherlich als Blaupause verwenden werden. Daraus folgt, dass jede Regelung die bereits auf der Ebene des Baseler Ausschusses erfolgreich ausgestaltet werden kann, im Brüsseler Kontext zunächst einmal Berücksichtigung finden wird. Dann bliebe nur die Hoffnung, im Rahmen des europäischen Rechtsetzungsverfahrens sachlich gerechtfertigte Abweichungen gegenüber dem Baseler Papier erreichen zu können.

Basel II: Auswirkungen auf bestimmte Kundengruppen

Professor Dr. Hermann Schulte-Mattler,
Professor für Finanzwirtschaft, Fachhochschule Dortmund*

I. Thema des Jahrzehnts: Der Weg zu einer neuen Eigenkapitalübereinkunft

II. Methodik zur Quantifizierung von Kreditrisiken

III. Eigenkapitalanforderung für Kreditrisiken und Veränderung des Kreditzinses

IV. Fazit und Ausblick

I. Thema des Jahrzehnts: Der Weg zu einer neuen Eigenkapitalübereinkunft

Die Revision der Eigenkapitalübereinkunft aus dem Jahre 1988, kurz Basel II genannt, hat sich als ein Projekt erwiesen, das in seinem Umfang und den zu bewältigenden theoretischen, technischen als auch politischen Schwierigkeiten an alle Beteiligten sehr große Anforderungen stellt. Es ist offensichtlich, dass insbesondere Notenbanken, Aufsichtsbehörden und Kreditinstitute die Herausforderungen von Basel II deutlich unterschätzt haben. In den vier Jahren, in denen sich der Baseler Ausschuss für Bankenaufsicht bei der Bank für Internationalen Zahlungsausgleich mit der Überarbeitung befasst, wurden sicherlich Erfolge erzielt. Es mehren sich aber Stimmen, die davon ausgehen, dass auch die letztlich verabschiedete Eigenkapitalübereinkunft ein immer noch nicht vollendetes Werk sein wird. Es scheint, als würden mit jedem Baseler Konsultationspapier mehr Fragen aufgeworfen, als mit dem jeweils folgenden Papier beantwortet werden.

Die große Bedeutung von bankaufsichtlichen Vorschriften und damit auch das Interesse der Öffentlichkeit an dem Thema Basel II liegt darin, dass sie

---

* Der Beitrag ist eine überarbeitete und aktualisierte Fassung des Vortrages, den der Autor am 4. Juli 2003 im Rahmen des Bankrechtstages 2003 hielt.

maßgeblich die geschäftspolitischen Rahmenbedingungen der Kreditinstitute bestimmen, in dem sie in mehr oder minder restriktiver Form die Geschäfts- oder die Risikoübernahmemöglichkeiten begrenzen. Mit der Zielsetzung einer internationalen Harmonisierung der Bankenaufsicht werden die Normen in erster Linie durch die Arbeiten des Baseler Ausschusses determiniert, der sich aus Vertretern der Notenbanken und Bankaufsichtsbehörden der Länder der Zehnergruppe und Luxemburgs zusammensetzt.[1] Die Ergebnisse des Baseler Ausschusses werden als Empfehlungen für international tätige Kreditinstitute veröffentlicht (wie Basel I und die Marktrisikopapiere). Sie haben zwar keinen bindenden Charakter, werden aber in der Regel in den Richtlinien der Europäischen Union (Brüssel) übernommen. Im Unterschied zu den Baseler Empfehlungen müssen die Brüsseler Richtlinien formal in nationales Recht überführt werden. Die bankaufsichtlichen Richtlinien geben den nationalen Gesetzgebern Mindestnormen vor, das heißt, die nationalen Vorschriften dürfen schärfer, aber nicht weicher gefasst sein.

Die Aufsichtstriade „Basel – Brüssel – Berlin/Bonn", das „Triple B" der Bankenaufsicht, ist damit ausschlaggebend für die bankaufsichtlichen Normen der deutschen Kreditinstitute.[2] In der Bundesrepublik Deutschland ist gemäß des Gesetzes über das Kreditwesen (KWG) für die Umsetzung der internationalen Regelungen das Bundesministerium der Finanzen in Berlin und die Bundesanstalt für Finanzdienstleistungsaufsicht (BAFin) in Bonn zuständig. Das deutsche Bankaufsichtsrecht weist in diesem Zusammenhang die Besonderheit auf, dass das haftende Eigenkapital eines Kreditinstituts als Referenzgröße im Gesetz selbst definiert wird (§ 10 KWG), während die Bemessung der Risiken und die Modalitäten der Relation zwischen Risiken und Kapital, das heißt die Beurteilung der Angemessenheit der Eigenkapitalausstattung, Gegenstand des Eigenkapitalgrundsatzes I ist.

Der lange Weg zu einer neuen Eigenkapitalübereinkunft beginnt am 3. Juni 1999. An diesem Tag legte der Baseler Ausschuss unter dem Titel „A New Capital Adequacy Framework" ein Erstes Konsultationspapier zur Stellungnahme vor.[3] Die Baseler Eigenkapitalübereinkunft von 1988 (Basel I) war als erster international einheitlicher Eigenkapitalgrundsatz für Kredit-

1 Vgl. Schulte-Mattler (2001 a).
2 Vgl. Schulte-Mattler (1997), (1998) und (1999 a).
3 Vgl. Basel Committee on Banking Supervision (1999) und Baseler Ausschuss für Bankenbestimmungen und -überwachung (1988).

risiken ein Meilenstein der Bankenaufsicht. Basel I war die Blaupause für die europäische Harmonisierung des Bankenaufsichtsrechts, da die wesentlichen Inhalte von Basel I in die drei im Jahre 1989 verabschiedeten zentralen EU-Normen übernommen wurden (Zweite Bankrechtskoordinierungs-, Eigenmittel- und Solvabilitätsrichtlinie). Im Jahr 1992 wurden die Regelungen mit der Vierten KWG-Novelle in nationales Recht transformiert.

Am 16. Januar 2001 veröffentlichte der Baseler Ausschuss ein Zweites Konsultationspapier.[4] Genau genommen handelt es sich um ein „Konsultationspaket", das sich aus insgesamt zehn Dokumenten mit einem Umfang von rund 540 Seiten zusammensetzt. In diesen Dokumenten hat der Baseler Ausschuss über 200 Kommentare und Ergebnisse einbezogen, die aus der andauernden Kommunikation mit der Kreditwirtschaft seit Veröffentlichung des Ersten Konsultationspapiers stammen.[5] Parallel zu den Baseler Arbeiten legte am 5. Februar 2001 auch die EG-Kommission ihr Zweites EG-Konsultationspapier zur Änderung der Kodifizierungsrichtlinie vor.[6] Die Inhalte orientieren sich weitestgehend an denen, die auch in den Baseler Papieren zu finden sind. Mit einer Änderung und Erweiterung der Kodifizierungsrichtlinie, die die Eigenmittel- und Solvabilitätsrichtlinie zusammen mir anderen bankaufsichtlich relevanten Richtlinien ersetzte, werden die Baseler Regelungen nicht nur für die international agierenden sondern für alle in der Bundesrepublik Deutschland tätigen Institute Geltung erlangen.

Die Baseler Arbeiten werden begleitet durch quantitative Auswirkungsstudien (Quantitative Impact Studies, QIS) zur Sammlung von Daten über die möglichen Wirkungen der neuen Regelungen auf die Eigenkapitalanforderungen der Institute. Vom 1. Oktober bis zum 20. Dezember 2002 führte der Baseler Ausschuss seine Dritte Auswirkungsstudie (Third Quantitative Impact Study, QIS 3) zur „Feinkalibrierung" der Anrechnungssätze für Kreditrisiken und operationelle Risiken durch.[7] Am 5. Mai 2003 gab der Baseler Ausschuss die Ergebnisse der Auswirkungsstudie bekannt.[8]

---

4 Vgl. Basel Committee on Banking Supervision (2001).
5 Vgl. Schulte-Mattler (1999 b) und (2001 b).
6 Vgl. European Commission (2001) und EG-Kommission (2000).
7 Vgl. Basel Committee on Banking Supervision (2002 a), (2002 b), (2002 c), (2002 d), (2002 e) und (2002 f) sowie Schulte-Mattler (2002 a).
8 Vgl. Basel Committee on Banking Supervision (2003 b).

Am 29. April 2003 veröffentlichte der Baseler Ausschuss ein Drittes Konsultationspapier, das wiederum Änderungen bei der Ermittlung der Eigenkapitalanforderungen im Kreditrisikobereich und im Bereich der operationellen Risiken vorsieht.[9] Die Konsultationsfrist endete am 31. Juli 2003. Nach Auswertung der über 200 Stellungnahmen verschob der Baseler Ausschuss erneut die formelle Änderung der Eigenkapitalübereinkunft, die eigentlich für das vierte Quartal 2003 vorgesehen war, auf Mitte 2004. Offen ist die Frage, ob die verspätete Verabschiedung der Eigenkapitalübereinkunft zu einer Verzögerung beim für Anfang 2007 geplanten Inkrafttreten führen wird. Während lediglich 10 bis 15 deutsche Institute Basel II erfüllen müssen, sind die Brüsseler Regelungen für alle Institute relevant. Welche Auswirkungen die Baseler Verzögerung auf die überarbeitete Brüsseler Kodifizierungsrichtlinie haben wird, bleibt ebenfalls abzuwarten.

Der Baseler Ausschuss ist auf seinem Weg zu einer neuen Eigenkapitalübereinkunft also noch nicht am Ziel angelangt. Es ist jetzt schon absehbar, dass das Thema Basel II mindestens das ganze derzeitige Jahrzehnt die Bankenwelt und deren Kunden beschäftigen wird. Für den Baseler Ausschuss ist nicht „der Weg das Ziel“, sondern er beabsichtigt mit der Einführung einer effektiven Bankenaufsicht, wirksam die Stabilität der internationalen Finanzmärkte zu bewahren. Das schützende Dach dieses neuen bankaufsichtlichen Hauses ruht auf drei Säulen (Pillars): Mindeststandards quantitativer und qualitativer Art für die Eigenkapitalausstattung der Institute für Kreditrisiken und operationelle Risiken (Säule 1), „Supervisory Review Process“ der spezifischen Risikosituation jeder einzelnen Bank (Säule 2) und Leitlinien für Offenlegungspraktiken zum Zweck einer Stärkung der Marktdisziplin durch erweiterte Transparenzvorschriften (Säule 3).

Dieser Beitrag setzt sich mit einer Frage auseinander, die in der interessierten Öffentlichkeit sehr lebhaft diskutiert worden ist. Wie werden sich die Basel-II-Regelungen auf bestimmte Kundengruppen auswirken? Da die Summe der Kapitalanforderungen nach Basel II im Durchschnitt auf dem derzeitigen Basel-I-Niveau verbleiben soll, sind künftig Forderungen an bonitätsmäßig gute Schuldner mit weniger und an bonitätsmäßig schlechte Schuldner mit mehr Eigenkapital zu unterlegen. In den letzten Monaten hat

9 Vgl. Basel Committee on Banking Supervision (2003 a) und Schulte-Mattler (2003).

sich in verschiedenen Studien insbesondere die Kundengruppe „Mittelstand“ herauskristallisiert, bei der durch erhöhte Eigenkapitalanforderungen negative Auswirkungen erwartet werden. So behaupten eine Reihe von Studien, dass der Mittelstand mit einer restriktiven Kreditvergabe nach Umsetzung von Basel II zu rechnen hat.[10] Andere Studien weisen darauf hin, dass Institute möglicherweise mit einer deutlichen Erhöhung der Kreditzinsen reagieren könnten.[11] Die Presse wählt hierzu für ihre Artikel Überschriften wie „Basel II: Neuer Sargnagel für den Mittelstand“.

Ziel des Beitrages ist es, die Frage zu beantworten, ob es tatsächlich zu einer deutlichen Erhöhung des Kreditzinses durch die Neuregelung der bankaufsichtlichen Kapitalanforderungen kommt. Abschnitt II stellt zunächst die Methodik der Baseler Quantifizierung von Kreditrisiken dar, wobei der Schwerpunkt der Betrachtung auf den fortgeschritteneren Verfahren liegt. Die Bestimmung der Eigenkapitalanforderung für Unternehmenskredite insbesondere Mittelstandskredite und der damit möglicherweise implizierten Veränderung des Kreditzinses steht im Mittelpunkt der Betrachtungen im Abschnitt III. Abschnitt IV schließt den Beitrag mit einem Fazit und Ausblick ab.

II. Methodik zur Quantifizierung von Kreditrisiken

Der Baseler Ausschuss verfolgt mit seinen neuen Regelungen insbesondere das Ziel, durch die Berücksichtigung interner und externer Bonitätsbeurteilungen (Ratings) ein flexibleres System zur Erfassung und Unterlegung von Kreditrisiken zu schaffen. Die derzeit gültigen und in über 100 Ländern angewendeten Regelungen der Eigenkapitalübereinkunft („Basel I“) werden als zu starr empfunden, um in den schnell wachsenden Finanzmärkten mit ihren Innovationen Schritt halten zu können. Vielfach sollen die Basel-I-Regelungen auch zu Gestaltungsmissbräuchen und Umgehungen geführt haben.

10 Vgl. Deutscher Sparkassen- und Giroverband (2001) und Hansmann/Ringle (2001).

11 Vgl. Taistra/Tiskens/Schmidtchen (2001) und Grunert/Kleff/Norden/Weber (2002).

Nach der zentralen Eigenkapitalunterlegungsnorm ($EK \geq RA \cdot G \cdot 8\%$), die auch in der neuen Eigenkapitalübereinkunft gelten wird, darf das Verhältnis zwischen dem haftenden Eigenkapital eines Kreditinstitutes (EK) und seinen gewichteten Risikoaktiva ($RA \cdot G$) täglich 8 Prozent nicht unterschreiten. Die Frage, welches Bonitätsgewicht (G) ein Institut der Forderung eines Schuldners oder einer Forderungsart zuordnen muss, wird von der Bankenaufsicht durch die Festlegung dreier Methoden beantwortet. Im Standardverfahren (Standardised Approach) können die Institute zur Festlegung des Bonitätsgewichtes für die Schuldnerklassen Staaten (Sovereign), Institute (Banks) und Nichtbanken (Corporates) auf die Kreditbeurteilungen von externen Ratingagenturen zurückgreifen.[12] Die Verwendung externer Ratings bedarf der Zustimmung der jeweiligen Bankaufsichtsbehörde, die ihrerseits die Güte des Bonitätsbeurteilungssystems zu prüfen hat. Die Aufsicht legt die Bonitätsgewichtungsfaktoren und damit die Risikosensitivität in Abhängigkeit von der externen Bonitätseinstufung verbindlich fest. Das Basisverfahren sowie das fortgeschrittene Verfahren bestimmen auf der Grundlage interner Ratings des Institutes (Internal Ratings-Based Approach, IRB) und einer vorgegebenen kontinuierlichen „Umrechnungsfunktion" die Bonitätsgewichtungsfaktoren.[13]

Die Forderungen an kleine und mittlere Unternehmen (Small- and Medium-Sized Enterprises, SMEs) werden grundsätzlich der Forderungsklasse „Nichtbanken" (Corporates) zugeordnet. Im Standardverfahren sollen die vorgegebenen festen Bonitätsgewichte für Unternehmensforderungen für SMEs nicht abgesenkt werden. Die risikoreduzierenden Effekte einer kleinen Unternehmensgröße auf das Bonitätsgewicht des Schuldners (G) werden explizit nur im IRB-Ansatz und dort bei der Umrechnungsfunktion (IRB-Formel) berücksichtigt. Die allgemeine Formel zur Bestimmung des Bonitätsgewichtes lautet:[14]

12 Vgl. Boos/Schulte-Mattler (2001).

13 Zum Foundation und Advanced Approach vgl. Basel Committee on Banking Supervision (2003 a).

14 Bei dieser Formel wird ein Konfidenzniveau des systematischen Risikofaktors in Höhe von 99,9 Prozent unterstellt. Vgl. Schulte-Mattler/Tysiak (2002), S. 838, und Basel Committee on Banking Supervision (2004), S. 2.

$$G = LGD \cdot \left(N\left(\frac{N^{-1}(PD) + 3{,}09023 \cdot \sqrt{\rho}}{\sqrt{1-\rho}} \right) - PD \right) \cdot L(M) \cdot 12{,}5,$$

wobei N die Verteilungsfunktion und N^{-1} die Umkehrfunktion der Verteilungsfunktion der Standardnormalverteilung bezeichnet. Zur Bestimmung des Bonitätsgewichtes werden also vier Inputvariablen benötigt: PD, LGD, M und ρ.

Die unbedingte Ausfallwahrscheinlichkeit der Ratingkategorie des Kreditnehmers (Probability of Default, PD) als erste Variable schätzt die Wahrscheinlichkeit, dass ein (hypothetischer) Kreditnehmer aus einer intern spezifizierten Ratingklasse in einem (angenommenen) Zeitraum von einem Jahr ausfällt. Jedem Schuldner wird ein bestimmtes Rating zugeordnet und damit auch nur ein bestimmter Wert für die PD. Die zweite Variable, der Verlust bei Ausfall (Loss-Given-Default-Wert der Transaktion, LGD), ist die Schätzung des durchschnittlichen Verlustes pro Einheit eines spezifischen Geschäftes (Exposure) bei Ausfall des Schuldners. Mit verschiedenen Exposures gegenüber einem Kontrahenten können demnach auch verschiedene LGD-Werte einhergehen.

Die Restlaufzeit der Transaktion (Maturity, M) als dritte Variable ist die maximale Zeitspanne, die dem Kreditnehmer zur vollständigen Erfüllung seiner vertraglichen Verpflichtungen unter den Bedingungen des Kreditvertrags gewährt wurde. Ist eine Laufzeitanpassung – wie im IRB-Basisverfahren – nicht mit der exakten Restlaufzeit gefordert, ist die unterstellte effektive Restlaufzeit für alle Forderungen gleich und beträgt 2,5 Jahre. Bei einer Laufzeitanpassung wird das Bonitätsgewicht durch Multiplikation mit einem laufzeitabhängigen Korrekturfaktor L(M) adjustiert, der im Januar 2004 vor dem Hintergrund der Diskussion um erwartete und unerwartete Verluste modifiziert wurde.[15] Die vierte Variable ist die Assetkorrelation (ρ). Sie beschreibt die Korrelation zwischen zwei Forderungen des gleichen Typs, deren Höhe von der gemeinsamen Abhängigkeit von einem systematischen Risikofaktor abhängt (wie allgemeiner Marktindex).

Beim Einsetzen des Ausdruckes für das Bonitätsgewicht in die zentrale Eigenkapitalunterlegungsnorm ($EK \geq RA \cdot G \cdot 8\%$) ist zusätzlich ein Cap

---

15 Vgl. Basel Committee on Banking Supervision (2004), S. 1.

(12,5 LGD) zu berücksichtigen, um zu verhindern, dass bei der Ermittlung der Eigenkapitalanforderung für die Forderung ($EK \geq EAD\ Min\ [G,\ 12{,}5\ LGD]\ 8\%$) das Bonitätsgewicht größer wird, als es für einen vollständigen Abzug der Forderung – unter Berücksichtigung des LGD-Wertes – vom Eigenkapital sein dürfte. Bei der Variablen, Forderungsbetrag bei Ausfall (Exposure-at-Default-Wert der Transaktion, EAD) geht es im Wesentlichen um die Festlegung des schon oben erwähnten Umrechnungsfaktors (U) für eine Forderung, der im Baseler Papier Credit Conversion Factor (CCF) genannt wird (EAD entspricht RA).

Sämtliche Forderungen des Anlagebuches sind vom Institut konsistent in fünf Klassen einzuordnen („Staaten", „Institute", „Nichtbanken", „Retailgeschäft" und „Beteiligungsbesitz"), denen in einer einzelfall- oder klassenorientierten Betrachtungsweise bestimmte Risikoparameter und damit ratingabhängige Bonitätsgewichtungsfaktoren zugeordnet werden. Bei der Festlegung des Baseler Ausschusses, welche Risikosensitivitäten bei den Kontrahentengruppen oder Geschäftsarten unterstellt werden sollen, kommt der Assetkorrelation (ρ) eine bedeutende Rolle zu. Auf Basis dieser Variablen differenziert der Ausschuss letztlich das unterstellte Kreditausfallrisiko. Je höher die Assetkorrelation unterstellt wird, desto höher ist c.p. der unerwartete Verlust bei Ausfall einer Forderung für eine vorgegebene PD und damit die von Basel verlangte Eigenkapitalanforderung.

Im IRB-Basisverfahren schätzt das Institut lediglich die Variable PD für die Schuldner Staaten, Institute und Nichtbanken (vorwiegend Großunternehmen) und greift bei den anderen drei Parameter (LGD, EAD und M) auf die Vorgaben der Bankenaufsicht zurück. Im fortgeschrittenen Verfahren kann ein Institut neben der Ausfallwahrscheinlichkeit PD auch die anderen drei Risikokomponenten intern schätzen. Für die drei Schuldnerklassen ist folgende Assetkorrelation zu unterstellen:

$$\rho_{SIN} = 0{,}12 \cdot \left(\frac{1 - e^{-50 \cdot PD}}{1 - e^{-50}} \right) + 0{,}24 \cdot \left(1 - \frac{1 - e^{-50 \cdot PD}}{1 - e^{-50}} \right).$$

Die beiden Summanden machen deutlich, dass die zwei exponentiellen Gewichtungsfaktoren in den Klammern, die sich stets auf den Wert Eins summieren, einen Korrelationswert in Abhängigkeit von der PD zwischen 0,12 und 0,24 erzeugen.

Da für die Forderungen an SMEs innerhalb der Forderungsklasse „Nichtbanken“ zusätzlich zur Ausfallwahrscheinlichkeit auch die Größe des Unternehmens einen Einfluss auf die Assetkorrelation haben soll, stellt sich die modifizierte Korrelationsformel wie folgt dar:

$$\rho_{SME} = \rho_{SIN} - 0,04 \cdot \left(1 - \frac{S-5}{45}\right) \text{ mit } 5 \leq S \leq 50 .$$

Die Größe eines Unternehmens wird mit seinem Jahresumsatz (Total Sales, S) gemessen. Die durch den Größenabschlag bewirkte Reduzierung der Korrelation um maximal 0,04 ist auf Forderungen an Unternehmen mit einem konsolidierten Jahresumsatz von 5 bis unter 50 Mio. € beschränkt. Bei Jahresumsätzen kleiner als 5 Mio. € wird einheitlich ein Abschlag bei der Korrelation in Höhe von 0,04 vorgesehen. Ist der Jahresumsatz 50 Mio. € oder größer entfällt der Korrekturfaktor.

Forderungen an SMEs können auch dem „Retailbereich“ zugeordnet werden, wenn die (konsolidierte) Kreditsumme weniger als 1 Mio. € beträgt und derartige Forderungen auch bankintern wie Retailforderungen behandelt werden. Die Möglichkeit kleinere Forderungen an Unternehmen, Freiberufler und Gewerbetreibende in Retailpools zusammenzufassen und wie Kredite an Privatkunden zu behandeln, führt c.p. zu einer Eigenkapitalentlastung. Für die Forderungen an die rund 90 Prozent aller umsatzsteuerpflichtigen Unternehmen in Deutschland, die eine Größenordnung von 1 Mio. € erreichen, werden sich die Eigenkapitalanforderungen also verringern.

III. Eigenkapitalanforderung für Kreditrisiken und Veränderung des Kreditzinses

Ein Beispiel zum IRB-Basisansatz soll die komplexen Baseler Formeln zur Bestimmung der Eigenkapitalanforderung für eine Unternehmensforderung verdeutlichen. Ein Institut hat eine Forderung an einen mittelständischen Kunden in Höhe von 1.250 €. Die Eigenkapitalanforderung für diese Forderung beträgt nach dem derzeitigen Basel-I- oder Grundsatz-I-Regime 8 Prozent, das heißt 100 €. Der Kunde hat annahmegemäß eine für diese Forderungsklasse durchschnittliche Bonität und damit eine vergleichsweise hohe

Ausfallwahrscheinlichkeit (PD) von 6,73 Prozent.[16] Die LGD für diesen unbesicherten oder nicht mit anerkannten Sicherheiten besicherten Kredit betrage 45 Prozent und die effektive Laufzeit der Forderung soll 2,5 Jahre betragen. Mit diesen Werten lässt sich zunächst die Assetkorrelation in Höhe von 0,1242 bestimmen:

$$\rho_{SIN} = 0,12 \cdot \left(\frac{1 - e^{-50 \cdot 0,0673}}{1 - e^{-50}} \right) + 0,24 \cdot \left(1 - \frac{1 - e^{-50 \cdot 0,0673}}{1 - e^{-50}} \right) = 0,12 \cdot 0,965 + 0,24 \cdot 0,035 = 0,1242$$

Mit der Assetkorrelation lässt sich anschließend das Bonitätsgewicht (G) für diese Forderung in Höhe von 166,42 Prozent berechnen:

$$G_{SIN} = 0,45 \cdot \left(N \left(\frac{N^{-1}(0,0673) + 3,09023 \cdot \sqrt{0,1242}}{\sqrt{1 - 0,1242}} \right) - 0,0673 \right) \cdot L(2,5) \cdot 12,5$$

$$= 0,45 \cdot (0,3317 - 0,0673) \cdot (1,1191) \cdot 12,5 = 1,6642.$$

Die Eigenkapitalunterlegung (EK) für diesen Kredit beträgt nach Basel II demnach 166,42 € und der Eigenkapitalunterlegungssatz 13,31 Prozent:

$$\begin{aligned} EK_{SIN} &= EAD \cdot Min\left[G_{SIN}; 12,5 \cdot LGD\right] \cdot 8\% \\ &= 1.250 \cdot Min\left[1,6642; 12,5 \cdot 0,45\right] \cdot 8\% \\ &= 1.250 \cdot 13,31\% = 166,42. \end{aligned}$$

Die Eigenkapitalunterlegung ist in dieser Höhe nur auf Forderungen an Unternehmen anzuwenden, wenn diese einen konsolidierten Jahresumsatz ab 50 Mio. € aufweisen. Da das hier betrachtete mittelständische Unternehmen einen Jahresumsatz von nur 5 Mio. € haben soll, ist die Korrelation ρ_{SIN} um 0,04 zu reduzieren ($\rho_{SME} = 0,0842$). Damit verringert sich analog den obigen Berechnungen auch die Eigenkapitalunterlegung auf 125 € und der Eigenkapitalunterlegungssatz sinkt auf 10 Prozent.

Das Beispiel verdeutlicht, dass es bei Anwendung der neuen Basel-II-Vorschriften auch für verhältnismäßig schlechte Bonitäten mit vergleichsweise hohen Ausfallwahrscheinlichkeiten lediglich zu einer moderaten,

16 Vgl. zur der Ausfallwahrscheinlichkeit Grunert/Kleff/Norden/Weber (2002), S. 15, Tabelle 1.

risikoadäquaten Erhöhung des Eigenkapitalunterlegungssatzes kommt (von 8 auf 10 Prozent).[17] Nun ist der Frage nachzugehen, welche Auswirkung eine Erhöhung der Eigenkapitalanforderung auf den Kreditzins des Schuldners hat.

Es ist intuitiv einleuchtend und durch die Mindestanforderungen für das Kreditgeschäft auch zwingend geboten, dass sich eine risikosensitive Bemessung des Kreditrisikos durch die Eigenkapitalunterlegungsnormen von Basel II auch in den Preisen für Kredite, also im Kreditzins, widerspiegeln muss. Bei der Festlegung des Kreditzinses hat ein Institut neben den Kosten für die bankaufsichtliche Eigenkapitalunterlegung auch andere Kostensätze zu berücksichtigen (wie Geld- und Kapitalmarktzinsen, Betriebskosten und Standardrisikokosten), die aber im Folgenden außer acht bleiben sollen. Es soll ausschließlich gezeigt werden, welche Wirkung c.p. eine sich ändernde Eigenkapitalunterlegung nach Basel II auf den Eigenkapitalkostensatz als Bestandteil des Kreditzinses hat.

Da wir nur die Veränderungen der derzeitigen (Basel I) zu der künftigen Situation (Basel II) betrachten, kommt es in der Analyse nur auf Differenzwerte an. Definieren wir zunächst die „Eigenkapitalunterlegungsdifferenz (ΔEK)". Sie soll angeben, um wie viel Prozent sich durch Basel II der Eigenkapitalunterlegungsatz bei einer bestimmten Forderung verändert. In unserem Beispiel stieg der Satz von 8 auf 10 Prozent, demnach beträgt die Differenz 2 Prozent. Genauer bedeutet dies, dass 2 Prozent der Kreditsumme nach Basel II (also 25 €) anstatt mit vergleichsweise preiswertem Fremdkapital mit Eigenkapital unterlegt (finanziert) werden muss. Die zweite wichtige Differenz ist die „Kapitalkostendifferenz des Institutes (ΔKK)". Sie gibt den Unterschied der zugrunde zu legenden Kosten für Eigenkapital und Fremdkapital an. Geht man für das Beispiel von konservativen langfristigen Werten aus, sind Eigenkapitalkosten von 12 Prozent und Fremdkapitalkosten von 6 Prozent plausibel. Die Kostenprämie für die Refinanzierung mit Eigenkapital ist demnach 6 Prozent.

An bereits veröffentlichten Studien zu diesem Themenbereich lassen sich zwei Punkte regelmäßig kritisieren. Zum einen werden vor dem Hintergrund der empirischen Daten zu hohe Kapitalkostendifferenzen unterstellt, die

17 In diesem Beispiel ergäbe sich bei einer Ausfallwahrscheinlichkeit von 20 Prozent, bei der wohl kein Kunde bei einem Kreditinstitut einen Kredit mehr bekäme, ein Eigenkapitalunterlegungssatz in Höhe von 15 Prozent.

völlig unplausibel sind.[18] Zum anderen wird nicht berücksichtigt, dass Kreditrisiken nicht mit „Eigenkapital" sondern genauer mit „haftendem Eigenkapital" unterlegt werden müssen. Dieses besteht gemäß § 10 Abs. 2 Satz 2 KWG aus der Summe aus Kern- und Ergänzungskapital abzüglich der Positionen des Abs. 5 Satz 1. Diese genauere Betrachtung ist deshalb wichtig, da für Ergänzungskapital eher die Kosten für Fremd- als für Eigenkapital anzusetzen sind. Da nur mindestens die Hälfte der Eigenkapitalanforderung mit teurem Kernkapital dargestellt werden muss, halbiert sich die „normale" Kapitalkostendifferenz von 6 Prozent durch Berücksichtigung der Kernkapitalnorm auf 3 Prozent. Werden diese Anpassungen nicht durchgeführt, hat dies natürlich völlig überzogene Resultate für die Erhöhung des Kreditzinses zur Folge.[19]

Die absolute Veränderung des Kreditzinses eines Kunden aufgrund der Basel-II-Regelungen lässt sich nunmehr einfach durch die Multiplikation der definierten zwei Differenzen berechnen. Für das betrachtete mittelständische Unternehmen beläuft sich der Anstieg des Kreditzinses auf nur 6 Basispunkte (BP):

$$\Delta r_{SME} = \Delta EK \cdot \Delta KK = 0{,}02 \cdot 0{,}03 = 0{,}0006 = 6 \text{ BP}.$$

Die relative geringe Zunahme des Kreditzinses ist für alle diejenigen verblüffend, die angenommen hatten, dass beispielsweise eine Verdoppelung des bankaufsichtlichen Eigenkapitalunterlegungssatzes auch zu einer Verdoppelung der Kreditkosten führt. Dies ist natürlich nicht so. Verdoppelt sich für eine Kundenforderung durch die Berücksichtigung eines extrem schlechten Ratings die Eigenkapitalanforderung von 8 auf 16 Prozent, steigt der Kreditzinses absolut um +24 Basispunkte. Der Anstieg des Kreditzinses – dies zeigt

18 Vgl. beispielsweise Grunert/Kleff/Norden/Weber (2002), S. 14. Die Autoren gehen von Eigenkapitalkosten von 10 Prozent aus. Gemeint ist damit wohl, unter Zuhilfenahme der Ausführungen auf S. 5, die Kapitalkostendifferenz. Eine derart hohe Prämie für Eigenkapital ist bislang in der Bundesrepublik Deutschland nicht beobachtet worden.

19 Vgl. Grunert/Kleff/Norden/Weber (2002), S. 14 f. Die wesentlich zu hohen Werte für die Kreditzinserhöhungen in der Tabelle 1 – auch unter Berücksichtigung der Baseler Aktualisierungen vom Januar 2004 – sind Resultat der falschen Betrachtungsweise der Eigenkapitalkostendifferenz.

die Formel – ist unabhängig von den jeweils bestehenden Ausgangswerten für den Kreditzins.

IV. Fazit und Ausblick

Die Berücksichtigung einer Mittelstandskomponente in den Entwürfen zur Revision der Eigenkapitalübereinkunft kann als politischer Erfolg der deutschen Verhandlungsdelegation gewertet werden. In der Summe, so lassen sich die bisherigen Ergebnisse der Impact-Studien deuten, wird Basel II deutsche Institute eher entlasten als zusätzlich belasten. Da kleine und mittlere Unternehmen künftig wohl eher den höheren Ratingkategorien zuzuordnen sind, ist es durchaus zu erwarten, dass sich die Entlastungen des Gesamtsystems bei dieser Kundengruppe kaum zeigen werden. Vielmehr ist in diesem Segment mit einer Erhöhung der Eigenkapitalunterlegung auszugehen.

Dieser Beitrag zeigt jedoch, dass der Anstieg der Kreditzinsen bedingt durch gegebenenfalls höhere Eigenkapitalunterlegungssätze nach Basel II bei weitem nicht so drastisch ausfällt, wie von anderen Autoren behauptet. Bei einer angenommenen Verdoppelung der Eigenkapitalunterlegung ergibt sich ein Anstieg von lediglich 24 Basispunkten. Da zudem Fremdkapitalkosten als Kostenbestandteil eines mittelständischen Unternehmens eher eine untergeordnete Bedeutung spielt, ist die Zunahme des Kreditzinses über erhöhte Eigenkapitalunterlegungsanforderungen der Banken insgesamt eher zu vernachlässigen.

Hinzuweisen ist noch einmal auf den sehr engen Blickwinkel des Beitrages, da er nur die Effekte eines Wechsels des Aufsichtsregimes Basel I zu Basel II auf den Kreditzins untersucht und dazu eine einfache Berechnungsformel angibt. Es ist nämlich nicht auszuschließen, dass auch andere Kostenbestandteile des Kreditzinses unabhängig von Basel II geändert werden, weil beispielsweise eine genaueres internes Kreditrisikomanagement genau dieses verlangt.

Zusammenfassend lässt sich zu den Auswirkungen von Basel II auf die Kundengruppen insbesondere auf den Mittelstand folgendes festhalten:

- Ab 2007 werden die meisten Kreditnehmer mittels bankinternen Ratingverfahren individuell nach der Bonität in Ratingklassen eingeteilt sein. Je besser die Bonität, umso weniger Eigenkapital muss das Kreditinstitut als

Puffer für unerwartete Verluste aus dem Engagement vorhalten. Durch die risikosensitive Differenzierung der Eigenkapitalanforderungen kann das Institut seine Eigenkapitalkosten dem Schuldner genauer zuordnen. Das heißt, geringere Kreditzinsen könnten die Folge für die Schuldner sein.

- Ein intensiverer Informationsaustausch zwischen Bank und Kreditnehmer (Steuerberater) ist unvermeidbar. Die Bank wird nach Basel II wesentlich mehr Informationen über den Schuldner benötigten, als bislang bei der traditionellen Kreditwürdigkeitsprüfung üblich ist. Die ist aber keine One Way Street. Die Schuldner erhalten im Gegenzug eine qualifizierte Einschätzung ihrer Bonität. So können Schwachpunkte im Dialog mit dem Kreditinstitut beseitigt werden.
- Forderungen an den Mittelstand werden in den Baseler Regelungen angemessen berücksichtigt. Bei bonitätsmäßig schlechten Kunden wird es zu einer moderaten Erhöhung des Kreditzinses kommen.
- Ein neuer Typus von Mitarbeiter ist in den Kreditabteilungen künftig erforderlich. Da heute der Fokus bei der Bonitätseinschätzung des Schuldners bei Kreditvergabe liegt, blickt der Bankmitarbeiter im Wesentlichen auf die Aktivseite des Unternehmens (Mittelständlers). Oft sind nur rudimentäre Kenntnisse über das „Geschäft“ des Schuldners vorhanden. Künftig liegt der Mittelpunkt der Betrachtung auf der laufenden (i.G. täglichen) Bonitätseinschätzung des Schuldners. Durch den quantitativen und qualitativen Ratingprozess wird sich der Kreditsachbearbeiter auch um das „Geschäft“ des Schuldners (also um die Passivseite) „beratend“ kümmern müssen.
- Basel II kann und will als aufsichtsrechtliche Vorschrift die „eigentlichen“ Probleme des Mittelstandes (wie zu geringe Eigenkapitalausstattung) – und ggf. auch der anderer Kundengruppen – nicht lösen. Es macht aber Probleme der Kundengruppen über den kontinuierlichen Ratingprozess transparent. Die Bankenaufsicht wird die Kreditinstitute – auch im eigenen Interesse – zu einem Informationsaustausch über die dem Rating zugrunde liegenden Beurteilungsfaktoren veranlassen, auf die sich die Kundengruppen einstellen können.

Basel II ist für alle Kundengruppen eine Herausforderung und Chance zugleich!

Literaturverzeichnis

Basel Committee on Banking Supervision (1999), A New Capital Adequacy Framework, Basel, Nr. 50, Juni 1999.

Basel Committee on Banking Supervision (2001), The New Basel Capital Accord, Basel, Januar 2001.

Basel Committee on Banking Supervision (2002 a), Cover Note to Supervisors on QIS 3 Technical Information, Basel Oktober 2002.

Basel Committee on Banking Supervision (2002 b), Overview Paper for the Impact Study, Basel Oktober 2002.

Basel Committee on Banking Supervision (2002 c), Quantitative Impact Study 3, Instructions for Banks providing data on the Standardised and Internal Ratings Based Approaches, Basel Oktober 2002.

Basel Committee on Banking Supervision (2002 d), Quantitative Impact Study 3, Areas of National Discretion for Banks providing Data on the Standardised and Internal Ratings Based Approaches, For Use by German Banks in completing the QIS Questionaire, August 2002.

Basel Committee on Banking Supervision (2002 e), Quantitative Impact Study 3, Technical Guidance, Oktober 2002.

Basel Committee on Banking Supervision (2002 f), Second Working Paper on Securisation, Oktober 2002.

Basel Committee on Banking Supervision (2003 a), Consultative Document, The New Basel Capital Accord, Basel, 29. April 2003.

Basel Committee on Banking Supervision (2003 b), Quantitative Impact Study 3 - Overview of Global Results, Basel 5. Mai 2003.

Basel Committee on Banking Supervision (2004), Modifications to the capital treatment for expected and unexpected credit losses in the New Basel Accord, Basel, 30. January 2004.

Baseler Ausschuss für Bankenbestimmungen und -überwachung (1988), Internationale Konvergenz der Eigenkapitalmessung und Eigenkapitalanforderungen, Basel, Juli 1988.

Boos/Schulte-Mattler (2001), Basel II: Externes und internes Rating, in: Die Bank, 5/2001, S. 346-354.

Deutscher Sparkassen- und Giroverband (2001), Ergebnisse der Umfrage des Deutschen Sparkassen- und Giroverbandes „Blaue Briefe an den Mittelstand“, Juni 2001.

EG-Kommission (2000), Richtlinie 2000/12/EG des Europäischen Parlaments und des Rates vom 20. März 2000 über die Aufnahme und Ausübung der Tätigkeit der Kreditinstitute (2000/12/EG), in: Amtsblatt der Europäischen Gemeinschaften, Nr. L 126, 26. Mai 2000, S. 1-59 („Kodifizierungsrichtlinie“).

European Commission (2001), Commission Services' second Consultative Document on Review of Regulatory Capital for Credit Institutions and Investment Firms (Markt/1000/01), 5. Februar 2001.

Grunert/Kleff/Norden/Weber (2002), Mittelstand und Basel II: Der Einfluss der neuen Eigenkapitalvereinbarung für Banken auf die Kalkulation von Kreditzinsen, Arbeitsbericht, Mai 2002.

Hansmann/Ringle (2001), Finanzierung Mittelstand, Ergebnisbericht, Universität Hamburg, Institut für Industriebetriebslehre und Organisation.

Schulte-Mattler (1997), Von der ersten zur dritten Generation bankaufsichtlicher Strukturnormen, in: Gröner/de Jongste/Kracke/Senne (1997), Hrsg., Wirtschaftswissenschaft, Anwendungsorientierte Forschung an der Schwelle des 21. Jahrhunderts, Juli 1997, S. 113–125.

Schulte-Mattler (1998), Regulatory Framework for the Risk Management of German Credit Institutions, in: Bol, G.; G. Nakhaeizadeh; K.-H. Vollmer (1998), Hg., Risk Measurement, Econometrics and Neural Networks, Heidelberg (Physika), S. 245–257.

Schulte-Mattler (1999 a), Drei Generationen bankaufsichtlicher Strukturnormen im neuen Eigenkapitalgrundsatz I, in: Pfingsten, A. (1999), Hg., Münsteraner Bankentage 1997, Wandel als Chance - Perspektiven für die Kreditwirtschaft, ifk edition Sonderband 1, Münster (Lit), S. 19–36.

Schulte-Mattler (1999 b), Baseler Vorschlag zur Erfassung und Begrenzung von Kreditrisiken, in: Die Bank, Heft 8/1999, S. 530–535.

Schulte-Mattler (2001 a), Neuere Entwicklungen in der bankaufsichtsrechtlichen Behandlung von Kreditrisiken, in: Rolfes, B.; Schierenbeck, H. (2001), Hg., Ausfallrisiken, Quantifizierung, Bepreisung und Steuerung, zeb / Schriftenreihe des Zentrums für Ertragsorientiertes Bankmanagement, Band 26, S. 53–71.

Schulte-Mattler (2001 b), Das europäische Regulierungssystem für die Finanzdienstleistungsindustrie, in: Rolfes, B.; Fischer, T. R. (2001), Hg., Handbuch der Europäischen Finanzdienstleistungsindustrie, Frankfurt/Main (Fritz Knapp), S. 154–166.

Schulte-Mattler (2002a), Basel II: Start der Quantitative Impact Study 3, in: Die Bank, Heft 11, S. 768-773.

Schulte-Mattler (2003), Basel II: Das Dritte Konsultationspapier (CP3), in: Die Bank, Heft 6, S. 386-393.

Schulte-Mattler/Tysiak (2002), Basel II: Neue IRB-Formel für den Mittelstand, in: Die Bank, Heft 12, S. 836-841.

Taistra/Tiskens/Schmidtchen (2001), Basel II – Auswirkungen auf typische Mittelstandsportfolien, in: Die Bank 7/2001, S. 514-519.

2. Abteilung:
Bankgeheimnis und Geldwäsche aus verfassungs- und bankrechtlicher Sicht

Leitung: *Rechtsanwalt Dr. Wolfgang Gößmann*
Leiter der Rechtsabteilung der
HSH Nordbank AG, Hamburg

Das Bankgeheimnis – eine Schranke staatlicher und staatlich veranlasster Ermittlungen?*

Professor Dr. Felix Herzog,
Humboldt-Universität zu Berlin

I. Grundsätzliches
   1. Liberty-Property-Privacy
   2. Zum Verhältnis von Freiheit und Sicherheit
   3. Zur Beweislastverteilung für investigative Eingriffe des Staates in bürgerliche Freiheitsräume
   4. Zur Verhältnismäßigkeit investigativer Eingriffe

II. Grundlagen des Bankgeheimnisses
   1. Grundlagen im Bankvertrag
   2. Gesetzliche Verankerung in § 30 a AO?
   3. Verfassungsrechtliche Grundlagen
   4. ... insbesondere das Recht auf informationelle Selbstbestimmung

III. Durchbrechungen des Bankkundengeheimnisses
   1. Kein Zeugnisverweigerungsrecht für den Bankier
   2. Zeugenvernehmung/Durchsuchung/Beschlagnahme und das Instrument der Abwendungsauskunft
   3. „Zufallsfunde“
   4. Geldwäscheverdacht und Meldepflichten nach dem GwG
   5. Geheimdienstliche Operationen
   6. Finanzmarktaufsicht und Bankkundenüberwachung

IV. Auflösungstendenzen des Bankgeheimnisses
   1. Das Bankgeheimnis als „Alptraum des Wirtschaftskriminalisten“
   2. Das Konzept der Risikostrukturen und die Auflösung des Verdachtsbegriffs als Schwelle investigativer Eingriffe
   3. „Fishing-expeditions“ auf dem (Welt-)Meer der Finanztransaktionen

V. Besonderheiten

VI. Schlusswort

---

* Ausführliche Version des Vortrags auf dem Bankrechtstag am 4. Juli 2003 in Düsseldorf. Die Vortragsform wurde beibehalten und mit Fußnoten ergänzt. Für seine Unterstützung danke ich meinem Mitarbeiter Herrn Assessor Isko Steffan.

I. Grundsätzliches

Im Recht der Inneren Sicherheit, dem Strafrecht und Strafverfahrensrecht geht es zunehmend kriegerisch zu. An allen Fronten, dies verdeutlichen die Stellungnahmen der Politik und so lauten auch die Überschriften der Gesetze, soll bekämpft und gekämpft werden. Wer in rechtsstaatlich-liberaler Tradition anmahnt, dass das Strafrecht in seinen Garantien auch als *magna charta* des Verbrechers zu gelten hat und das Recht des Ermittlungsverfahrens als Verbrechensbekämpfungsbegrenzungsrecht anzusehen ist, wird sich wohl abwertend als alter Europäer bezeichnen lassen müssen, der die Sicherheitsbedürfnisse der neuen Zeit noch nicht erkannt hat.[1] Ein Vortrag über den Zustand und die Zukunft des Bankgeheimnisses als Schranke für staatliche und staatlich veranlasste Ermittlungen gibt deswegen zunächst Anlass zu einigen grundsätzlichen Vorbemerkungen zum Verhältnis von Freiheit und Sicherheit und zur Verhältnismäßigkeit investigativer Eingriffe in bürgerliche Freiheitsräume, denn das Bankgeheimnis wird immer wieder als ein Schutzwall denunziert, hinter dem Terroristen, Rauschgifthändler, die organisierte Kriminalität, Wirtschaftsstraftäter und Steuerhinterzieher Deckung suchen und der deswegen rigoros niedergerissen werden muss.

Neben dem Zuwachs an Sicherheit verspricht man sich in Zeiten der Krise öffentlicher Haushalte zudem über die Abschöpfung schmutziger Gelder eine sprudelnde Finanzquelle – seriös kaum zu prognostizierende Zuflüsse werden dann schon einmal als Fixposten in die Haushaltspläne eingestellt.

1. Liberty-Property-Privacy

Die Säulen einer bürgerlichen Verfassung sind die Freiheit – in ihrem essentiellen Gehalt der Abwesenheit von Zwang –, das Recht, diese Freiheit im Besitz zu entfalten, und dies in einem geschützten Raum der Privatheit tun zu können.[2] Paradigmatisch steht dafür das Fourth Amendment der U.S.-Verfassung:

---

1 Kritisch zu dieser Entwicklung jüngst *P.A. Albrecht* in der *FAZ* vom 24. April 2003, S. 8.

2 Grundlegend wird dieser Zusammenhang in der Aufklärungsphilosophie von *John Locke*, Zwei Abhandlungen über die Regierung (Hrsg. von *W. Euchner)*, Frankfurt a. M. 1977, II §§ 6 ff. entwickelt.

> The right of the people to be secure in their persons, houses, papers, and effects, against unreasonable searches and seizures, shall not be violated.

2. *Zum Verhältnis von Freiheit und Sicherheit*

Bürgerliche Freiheitsräume können missbraucht werden. Wohlgeordnete Freiheit setzt die gegenseitige Einschränkung von Handlungsmöglichkeiten der Menschen voraus. Das Recht gründet in der Freiheit und schafft nach dem Wort *Kants* die Bedingungen dafür, dass die Freiheit des einen mit der Freiheit des anderen zusammenbestehen kann.[3] Freiheitsgewähr durch Recht bedeutet also nicht nur die Sicherung, sondern auch die Umgrenzung von Freiheitssphären und erfordert im Fall des Freiheitsmissbrauchs auch Eingriffe in Freiheitssphären. Dabei darf die Sicherung von Freiheit durch den Staat aber nicht als Sicherheit gegen die Freiheit ausgespielt werden. In einem liberalen Rechtsstaatsverständnis ist Sicherheit zuvörderst die Sicherheit der Bürgerinnen und Bürger vor staatlichen Eingriffen und die Sicherheitsaufgabe des Staates muss verstanden werden als die Ausbalancierung von Freiheitsräumen in einer Gesellschaft. Richtig ist, dass Sicherheit die Voraussetzung von Freiheit ist, aber genauso lehrt die Geschichte, dass hypertrophes staatliches Sicherheitsdenken die Freiheit ersticken kann. Gilt ein Freiheitsraum von vornherein als Sicherheitsrisiko, dann ist die Ausbalancierung in Gefahr, denn Sicherheitsdenken überwiegt dann schon im Ansatz der Abwägung die Freiheit.

3. *Zur Beweislastverteilung für investigative Eingriffe des Staates in bürgerliche Freiheitsräume*

Die Freiheit ist nach einem schönen Wort von Montesqieu „das Recht, alles tun zu dürfen, was die Gesetze erlauben".[4] Der Staat hat diese Freiheit zu achten und normativ von der Gesetzestreue seiner Bürger auszugehen. In bürgerliche Freiheitsräume darf nur bei dem begründeten Verdacht eingegrif-

3 *Kant,* Metaphysik der Sitten, Akademie-Ausgabe Bd. VI, S. 230.

4 *Montesquieu,* Vom Geist der Gesetze, 2. Aufl., Tübingen 1992, Bd. I, Elftes Buch, Drittes Kapitel (S. 213).

fen werden, dass dort eine Verletzung von Gesetzen stattgefunden hat stattfindet oder unmittelbar bevorsteht. Bürgerinnen und Bürger dürfen nicht als potentielle Gesetzesbrecher behandelt und einer engmaschigen Kontrolle ihres Verhaltens unterworfen werden. Es besteht eine Vermutung für die Freiheit des Einzelnen gegen die Ein- und Zugriffe der Staatsmacht. Damit liegt die Beweislast für investigative Eingriffe in bürgerliche Freiheitsräume beim Staat. Die Eingriffsbefugnis muss unter Bezugnahme auf einen Rechtssatz im materiellen Sinne dargetan werden. Und es muss ein rechtlich geregeltes Verfahren zur Kontrolle von Eingriffen geben.[5]

4. Zur Verhältnismäßigkeit investigativer Eingriffe

Ist der gesetzlich geregelte Grund für einen Eingriff gegeben, werden die Grenzen eines bürgerlichen Freiheitsraums nicht völlig niedergerissen. Bei investigativen Eingriffen darf der Staat nicht ziel- und uferlos vorgehen, sondern ist durch das Prinzip der Verhältnismäßigkeit gebunden. Das Prinzip der Verhältnismäßigkeit fordert eine geeignete, erforderliche und angemessene Vorgehensweise:[6]

Es müssen geeignete Mittel eingesetzt werden, also solche Mittel, welche den angestrebten Ermittlungszweck auch erreichen können.

Erforderlichkeit verlangt die Prüfung, welche Mittel dem Staat für seine Ermittlungszwecke zur Verfügung stehen und die Auswahl desjenigen Mittels, das für den betroffenen Freiheitsraum die geringstmöglichen Verheerungen befürchten lässt.

Angemessenheit verlangt eine weitere bürgerrechtssensible Abwägung von Mittel, Zweck und den zu befürchtenden Folgeschäden eines Eingriffs; insbesondere darf ein geeignetes und erforderliches Mittel nicht außer Verhältnis zum angestrebten Erfolg stehen.

Mit diesen grundsätzlichen Bemerkungen im Marschgepäck möchte ich nunmehr der Frage nachgehen, ob bei der Verfolgung der Geldwäsche und

---

5 Vgl. *Franz Neumann,* Zum Begriff der politischen Freiheit, in: *ders.,* Demokratischer und autoritärer Staat, Frankfurt a. M. 1967, S. 76 ff.

6 Grundlegende Lehrbuchdarstellung zum Prinzip der Verhältnismäßigkeit bei *Pieroth/Schlink,* Grundrechte Staatsrecht II, 18. Aufl., Heidelberg 2002, Rn. 279 ff.

bei Finanzermittlungen ausgewogene Lösungen anzutreffen sind, die auf einer problemsensiblen Abwägung zwischen Verfolgungsinteressen des Staates und der grundrechtlich geschützten Privatsphäre der Bürgerinnen und Bürger beruhen. Dafür werde ich zunächst die übliche rechtliche Behandlung des Bankgeheimnisses – oder besser: des Bankkundengeheimnisses – einer kritischen Durchsicht unterziehen und im Ergebnis dafür plädieren, den Schutz der finanziellen Privatsphäre in das Recht auf informationelle Selbstbestimmung einzubinden (II.). Sodann werde ich die klassischen Durchbrechungen des Bankgeheimnisses durch strafprozessuale Eingriffe darstellen und sodann auf die neuen Instrumente der Geldwäschebekämpfung und Finanzermittlung im Geldwäschebekämpfungsgesetz, im Recht der Geheimdienste und im Finanzmarktaufsichtsrecht eingehen (III.).

Kurz soll sich eine kritische Bestandsaufnahme der wesentlichen Angriffe gegen das Bankgeheimnis anschließen und vor Auflösungstendenzen gewarnt werden (IV.).

Einige Besonderheiten der aktuellen Entwicklungen investigativer Eingriffe in das Bankkundengeheimnis werde ich noch hervorheben (V.) und im Schlusswort meiner Besorgnis über die Verfassung des Bankkundengeheimnisses Ausdruck verleihen (VI.).

II. Grundlagen des Bankgeheimnisses

Nachdem wir soeben mit dem Grundsatz der Verhältnismäßigkeit die allgemeine Schranke investigativer Eingriffe in den Freiheitsraum der finanziellen Angelegenheiten eines Bürgers kennengelernt haben, soll folgend untersucht werden, ob dieser Freiheitsraum mit dem Begriff „Bankgeheimnis“ vollständig und freiheitssichernd erfasst werden kann. Es entspricht – trotz mancher öffentlichen Polemik, auf die ich noch zu sprechen kommen werde – einem allgemeinen Verständnis von Bankkunden, dass ihre hochsensiblen und personenbezogenen Daten von den Kreditinstituten geheimgehalten werden. Dies gilt auch noch in den heutigen Zeiten des Massengeschäfts, der zunehmenden Standardisierung von Bankdienstleistungen und der zunehmenden elektronischen Abwicklung von Bankgeschäften – ja, dies gilt unter diesen Bedingungen sogar noch mehr, weil der Bankkunde durch die Datenverarbeitung verunsichert ist und Schutzlücken befürchtet. Dass die Banken die Geheimhaltungsinteressen der Kunden grundsätzlich gegenüber jedermann und damit auch gegenüber staatlichen Informationsbegehren zu wahren haben, wird von Bankkunden als ganz wesentlich für ihr Vertrauensverhältnis zu ihren Kreditinstituten und für das Vertrauen in den Finanzplatz Deutschland insgesamt angesehen. So groß das Gewicht des Bankgeheimnisses – oder für unser Thema präziser: das Bank*kunden*geheimnisses – auch in der gesellschaftlichen Diskussion und Wahrnehmung ist, so unklar ist seine Rechtsnatur.[7] Verschiedentlich wird sogar bestritten, dass es sich um eine rechtlich bedeutsame und gehaltvolle Kategorie handelt.[8]

Fest steht jedenfalls so viel, dass man eine allgemeine gesetzliche Grundlage mit einer Legaldefinition für das Bankgeheimnis im deutschen Recht nicht finden kann.[9] Versuche, aus der Erwähnung des Begriffs in einigen eher etwas entlegenen Gesetzen Honig für seine Konturierung zu gewinnen, erscheinen nicht sonderlich tragfähig.[10] Die Zeiten, in denen sich sogar die „Obrigkeit" zu einem unverbrüchlichen Bankkundengeheimnis bekannte, sind lange vorbei. Nur der Illustration halber möchte ich hier kurz das Reglement der „Königlichen Giro- und Lehn-Banco" Friedrichs des Großen aus dem Jahre 1765 zitieren:[11]

> Wir verbieten bey Unserer Königlichen Ungnade allen und jeden, nachzuforschen, wie viel ein anderer auf sein Folium zu gute habe, auch soll niemand von denen Bancoschreibern sich unterstehen, solches zu offenbaren, weder durch Worte, Zeichen oder Schrift, bey Verlust ihrer Bedienungen und bey denen Strafen, die meyneidige zu erwarten haben. Zu dem Ende sollen sie bey Antretung ihres Amtes besonders schwören, daß sie alle die Geschäfte, die sie als Bedienstete der Banco unter Händen haben werden, als das größte Geheimnis mit in die Grube nehmen werden.

---

7 Aus der jüngeren Literatur dazu *M. Huhmann,* Die verfassungsrechtliche Dimension des Bankgeheimnisses, Frankfurt a. M. 2002, S. 27 ff.; *Grabau/Hundt/Hennecke*, ZPR 2002, 430 ff.

8 In dieser Richtung etwa *Hetzer*, ZfZ, 263 ff. und *Rüth,* DStZ 2000, 30 ff.

9 *Rehbein,* ZHR 149. Bd. (1985), 139 ff.

10 *Miebach,* Das Bankgeheimnis, Köln usw. 1999, S. 6 m.w.N.

11 Zur Geschichte des Bankgeheimnisses vgl. *Sichtermann/Feuerborn/Kirchherr/Terdenge,* Bankgeheimnis und Bankauskunft, 3. Aufl., Frankfurt a.M. 1984, S. 70 ff.; dort auch das folgende Zitat auf S. 75.

1. Grundlagen im Bankvertrag

Gewiss ist heute nur so viel, dass es sich beim Bankkundengeheimnis um eine sich aus dem Bankvertrag ergebende Pflicht der Kreditinstitute handelt, die Vermögensverhältnisse und damit verknüpften persönlichen Verhältnisse und Daten ihrer Kunden geheim zu halten.[12] Die deutsche Kreditwirtschaft bekennt sich zu dieser Pflicht und hat dies in Nr. 2 der AGB-Banken an prominenter Stelle verdeutlicht:

> Die Bank ist zur Verschwiegenheit über alle kundenbezogenen Tatsachen und Wertungen verpflichtet, von denen sie Kenntnis erhält (Bankgeheimnis). Informationen über den Kunden darf die Bank nur weitergeben, wenn gesetzliche Bestimmungen es gebieten oder der Kunde eingewilligt hat oder die Bank zur Erteilung einer Bankauskunft befugt ist.

Ordnet man das Bankkundengeheimnis der vertraglichen Sphäre zu, dann besteht jedenfalls ein verfassungsrechtlicher Bezug insoweit auch schon auf dieser Ebene, als dass die Vertragsfreiheit als Ausfluss der in Artikel 2 Abs. 1 GG garantierten Handlungsfreiheit zu verstehen ist. Vereinbaren also die Parteien eines Vertrages die Vertraulichkeit ihrer geschäftlichen Beziehungen und deren Geheimnisschutz gegenüber Dritten, dann bedürfen staatliche investigative Eingriffe in diesen privatautonom geschaffenen Freiheitsraum einer gesetzlichen Grundlage.[13] Entspricht diese gesetzliche Grundlage dem Gebot der Verhältnismäßigkeit, so ist sie als Bestandteil der verfassungsmäßigen Ordnung eine wirksame Schranke der allgemeinen Handlungsfreiheit und damit auch des vertraglich vereinbarten Bankkundengeheimnisses.[14] Dass eine gesetzliche Regelung, die expressis verbis oder de facto die vertragliche Vereinbarung einer solchen Geheimnissphäre verbieten würde, der freiheitlichen Ordnung unseres Grundgesetzes zuwiderlaufen würde, braucht hier nicht weiter ausgeführt werden.

In den Beziehungen der Privatrechtssubjekte untereinander genießt das Bankkundengeheimnis einen exponierten und wirkungsmächtigen Schutz.

---

12 Zur Herleitung des Bankgeheimnisses aus dem Bankvertrag jetzt unter gründlicher Auswertung des bankrechtlichen Schrifftums *Huhmann* (oben Fn. 7), S. 28 ff.

13 Vgl. BVerfGE 6, 32, 36 ff.; 29, 221, 235 ff.; 44, 353, 373; dazu *Dahm*, WM 1996, 1285 ff.

14 *Glauben,* Dri7 2002, 104.

Nach § 383 Abs. 1 Nr. 6 ZPO sind Personen, denen Kraft ihres Gewerbes Tatsachen anvertraut sind, deren Geheimhaltung durch ihre Natur oder durch gesetzliche Vorschrift geboten ist, zur Verweigerung des Zeugnisses berechtigt.[15] Entsprechende Regelungen und Verweisungen hierauf finden sich etwa auch in der Insolvenzordnung, dem Arbeitsgerichtsgesetz, der Verwaltungsgerichtsordnung und im Verwaltungsverfahrensrecht. Von diesem Zeugnisverweigerungsrecht, das für einzelne Auskunftsbereiche zudem auch aus § 384 Nr. 3 ZPO folgt, haben Personen aus dem Bereich der Kreditwirtschaft aufgrund der vertraglich vereinbarten Schweigepflicht Gebrauch zu machen, da ansonsten aus Verletzungen des Bankkundengeheimnisses Schadensersatzansprüche der Kunden drohen.[16] Wie die AGB-Banken zutreffend hervorheben, steht es ausschließlich zur Disposition des Bankkunden, von der Verpflichtung zur Verschwiegenheit gemäß § 385 Abs. 2 ZPO zu entbinden.

2. *Gesetzliche Verankerung in § 30 a AO?*

Ein Bereich, in dem über das Bankgeheimnis seit jeher mit Verve diskutiert wird, ist das Steuerrecht.[17]

Eine Schnittmenge mit dem vorliegenden Thema besteht hier durch den Bereich investigativer staatlicher Eingriffe. Hierzu verhält sich die Regelung des § 30 a AO, deren Auslegung Schrifttum und Rechtsprechung intensiv beschäftigt.[18] Der Gesetzgeber hatte mit der Einführung der sogenannten kleinen Quellensteuer und der Steueramnestie durch das Steuerreformgesetz 1990 den Inhalt des Bankenerlasses in eine gesetzliche Form überführt.[19] Die so geschaffene Norm hat der Gesetzgeber mit der amtlichen Überschrift „Schutz der Bankkunden“ versehen und in seiner Begründung ausgeführt:

---

15 Vgl. *Dammerau,* Müko ZPO, Bd. II, 2. Aufl., München 2000, § 383 Rn. 31 ff.

16 Zu der Verletzung der Geheimhaltungspflicht und den Folgen vgl. *Sichtermann/Feuerborn/Krichherr/Terdenke* (oben Fn. 11), S. 191 ff.

17 Ausführlich (und in verfassungsrechtlicher Perspektive) hierzu jetzt die Dissertation von *Miebach* (oben Fn. 10) und *Neuwald,* Das steuerliche Bankgeheimnis, Augsburg 1999.

18 Vgl. dazu *Huhmann* (oben Fn. 7), S. 192 ff. m.w.N.

19 Vgl. *Tipke/Kruse,* Kommentar zur AO/FGO, Bd. I, Köln 2003 (Stand 100. Erg. Lfg.) § 30 a AO, Rn. 1 ff.

> Die Regelung ist aus Gründen der Rechtssicherheit und der Voraussehbarkeit von Verwaltungshandeln sowie im Interesse eines vertrauensvollen Verhältnisses des Steuerbürgers zum Staat erforderlich. Sie stärkt damit das Vertrauensverhältnis zwischen den Banken und ihren Kunden. Neben anderen Umständen ist dieses Vertrauensverhältnis eine wichtige Voraussetzung für das Verbleiben der Geldvermögensbildung im Inland... .[20]

Aus dieser Begründung mag man entnehmen, dass der Gesetzgeber das Bankgeheimnis aufwerten wollte. Bei nüchterner Betrachtung muss man § 30 a AO freilich als einen Akt symbolischer Steuerrechtspolitik ansehen,[21] den die Praxis mit wenig Enthusiasmus aufgenommen hat. Dafür ist zunächst einmal auf die Entscheidung des Bundesverfassungsgerichts aus dem Jahre 1991 – das sogenannte Zinsurteil – zu verweisen; dort heißt es:

> Auch gesamtwirtschaftliche Gründe können einen Verzicht des Gesetzgebers auf eine hinreichende Kontrolle der im Veranlagungsverfahren abgegebenen Erklärungen des Steuerpflichtigen verfassungsrechtlich nicht rechtfertigen;

und weiter:

> Die vom Bankenerlass veranlassten Beschränkungen der Steuerermittlungen sind nicht etwa verfassungsrechtlich geboten.[22]

Der 8. Senat des Bundesfinanzhofes hat folglich der Vorschrift des § 30 a AO in einer Entscheidung aus dem Jahre 1997 eine sehr restriktive Auslegung angedeihen lassen.[23] Wenn etwa im Absatz 1 von besonderer Rücksicht auf das Vertrauensverhältnis zwischen Banken und ihren Kunden die Rede sei, dann habe dies allein deklaratorische Bedeutung und erschöpfe sich in der Selbstverständlichkeit, dass bei Sachverhaltsvermittlungen die Grundsätze der Verhältnismäßigkeit und Zumutbarkeit zu beachten seien. Die Regelungen zum Ausschluss allgemeiner Kontenüberwachung und zur Fertigung von Kontrollmitteilungen reichten in ihrer Beschränkung von Ermittlungsaktivitäten nur so weit, dass willkürliche und stichprobenartige Investigationen zu unterlassen seien. Der durch § 30 a AO deklarierte Schutz des Bankkundengeheimnisses vor Informationseingriffen ende dort, wo es *hinreichenden*

20 BT-Drs. 11/2536, S. 95

21 *Neuwald*, (oben Fn. 17), S. 143 ff., analysiert die Vorschrift als „wirtschaftspolitisch motivierte Steuerintervention".

22 BVerfGE 84, 239, 273f., 279.

23 BFH, BStBl, II, 1997, 499 ff.

Anlass für Ermittlungen gebe, was nicht nur dann der Fall sei, wenn bereits konkrete Anhaltspunkte für eine Steuerverkürzung bestehen würden.

Der Begriff des *hinreichenden Anlasses* unterscheidet sich deutlich von dem Begriff des *Anfangsverdachts* als Schwelle strafprozessualer Informationseingriffe. Er ist im Sinne der allgemeinen Erfahrung als Grundlage einer Prognoseentscheidung zu verstehen, dass sich Ermittlungen im Hinblick auf die Hervorbringung steuererheblicher Tatsachen lohnen könnten. Letztlich sind damit nur noch Ermittlungen völlig „ins Blaue hinein" und nach Art der Rasterfahndung ausgeschlossen und es kann ausgehend von allgemeinen Einschätzungen über bestimmte Gefährdungsstrukturen und Risikolagen für die gleichmäßige Steuererhebung investigativ vorgegangen werden.[24]

Immerhin hat der 7. Senat des Bundesfinanzhofs in einer Entscheidung vom 28. Oktober 1997 dahingehende Bedenken aufgenommen, dass damit bestimmte Geschäftszweige und Finanztransaktionen gleichsam automatisch in Verdacht geraten könnten und ausgeführt, dass: „Solange § 30 a AO Bestand hat, (..) wenigstens ein Kernbereich des Bankgeheimnisses bewahrt bleiben (muss)".[25] Zwar bleibt in dieser Entscheidung offen, wie dieser „Kernbereich" inhaltlich genauer zu bestimmen ist, aber wenigstens betont die Entscheidung die Voraussetzung eines konkreten Verdachts einer Steuerstraftat oder Steuerordnungswidrigkeit für investigative Eingriffe.

Es ist im Ergebnis festzuhalten, dass das sogenannte steuerliche Bankgeheimnis als Begrenzung investigativer Eingriffe keinen eigenen und hervorgehobenen Stellenwert besitzt. Selbst bei einer am Schutz des Bankkunden orientierten Auslegung wird man der Regelung nur ein relatives Bankkundengeheimnis und kein absolutes Abwehrrecht gegenüber Durchbrechungen entnehmen können.

Vor diesem Hintergrund soll noch einmal auf mögliche verfassungsrechtliche Grundlagen und insbesondere das Recht auf informationelle Selbstbestimmung als Grundlage einer Eingriffssicherung für das Bankkundengeheimnis eingegangen werden.

---

24 Ausführlich und kritisch hierzu *Hamacher,* WM 1997, 2149 ff.

25 BFH, FR 1998, 112, 115.

3. *Verfassungsrechtliche Grundlagen*

Da sich der Vortrag von *Paul Kirchhof* zu den verfassungsrechtlichen Grundlagen des Bankgeheimnisses anschließen wird und ich nicht auf fremden Terrain wildern möchte, nur einige kurze Anmerkungen hierzu:

In der älteren Literatur zum Bankgeheimnis – hier ist vor allem der „Klassiker" *Sichtermann* zu nennen – ist das Bankkundengeheimnis häufig unter Verweis auf das allgemeine Persönlichkeitsrecht nach Art. 2 Abs. 1 i.V.m. Art. 1 Abs. 1 GG verfassungsrechtlich fundiert worden.[26] Das Motiv hierfür, nämlich dem Bankkundengeheimnis einen überragenden Stellenwert in der Rechtsordnung einzuräumen, ist gut nachvollziehbar. Jedoch erscheint der darauf gestützte Brückenschlag von der Privatsphäre, die sich danach bestimmt, „was der Einzelne erkennbar geheim halten will", zur Bankgeheimnissphäre als Unterart der durch Art. 1 Abs. 1 GG geschützten Intimsphäre – wie dies bei *Sichtermann* zu finden ist[27] – dann doch etwas gewagt. *Canaris* hat zu Recht davor gewarnt, den verfassungsrechtlichen Schutz des Bankgeheimnisses derart zu überspannen.[28] Die Intimsphäre umfasst doch einen wesentlich elementareren und der Person näheren Bereich der Unantastbarkeit, Höchstpersönliches, das auch bei Berufung auf überwiegende Gemeinwohlinteressen (wenn überhaupt) nur in extremen Ausnahmefällen investigativen Zugriffen ausgesetzt werden darf.[29] Mit Tagebuchaufzeichnungen oder Krankheitsbefunden sind die höchstpersönlichen Angelegenheiten, die im Geschäftsverkehr mit einem Kreditinstitut zu den Akten geraten und damit dem Zugriff von Ermittlungsorganen ausgesetzt sein können, sicherlich nicht vergleichbar.[30] Im Hinblick auf den rechtsethischen Gehalt der Menschenwürdegarantie erscheint es unangemessen, Finanzermittlungen und damit verbundene Durchbrechungen des Bankkundengeheimnisses in den Kontext solcher Ermittlungsmethoden zu stellen, die im Geruch stehen, die Menschenwürde des Betroffenen zu bedrohen. Hierzu hat sich *Peter*

---

26 Vgl. *Sichtermann,* Bankgeheimnis und Bankauskunft, 2. Aufl. Frankfurt a.M. 1966, S. 35 ff.

27 A.a.O. und *ders.*, MDR 1965, 697 ff.

28 Vgl. *Canaris,* Bankvertragsrecht, 3. Aufl., Berlin/New York 1988, Rn. 36.

29 Vgl. dazu die Tagebuch-Entscheidung BVerfGE 80, 367 ff.

30 So auch *Sichtermann/Feuerborn/Kirchherr/Terdenge* (oben Fn. 11), S. 42 ff. in kritischer Abgrenzung zur Vorauflage (oben Fn. 26).

Selmer in seiner Untersuchung zu „Steuerrecht und Bankgeheimnis" aus dem Jahre 1981 zutreffend geäußert:

> Beim Bankgeheimnis steht nicht jene elementare, eines Sozialbezuges ganz oder doch weitgehend ledige Intim- und Privatsphäre in Rede, in welcher der Mensch frei ist von allen sozialen Anforderungen ... Das Bankgeheimnis, genauer: die durch diesen Begriff bezeichnete private Interessen- und Rechtsgütervielfalt bleibt in diesem Sinne einbezogen in das Spannungsfeld freier privater Persönlichkeitsentfaltung und der legislativen Geltendmachung solcher auf ihre Schmälerung drängender öffentlicher Interessen.[31]

Damit verweist *Selmer* auf die grundrechtliche Anbindung des Bankkundengeheimnisses an die durch Art. 2 Abs. 1 GG geschützten Freiheitsbereiche einerseits, andererseits auf die sich eben daraus ergebenden Schranken, die das Bankkundengeheimnis dort findet, wo durch seine Einhaltung Rechte anderer verletzt sind und gegen die verfassungsmäßige Ordnung oder das Sittengesetz verstoßen wird. Die verfassungsmäßige Ordnung – und das ist hier die wesentliche Schranke – ist die Summe aller formell und materiell gültigen Rechtsnormen im Sinne aller mit der Verfassung im Einklang stehenden Vorschriften. Soweit sich also der Gesetzgeber im Rahmen der rechtsstaatlichen Anforderungen an die Zuständigkeit, Bestimmtheit und Verhältnismäßigkeit bewegt und den Wesensgehalt des Bankkundengeheimnisses bestehen lässt, ist ihm die Schaffung von Durchbrechungsmöglichkeiten nicht verwehrt.

4. ... insbesondere das Recht auf informationelle Selbstbestimmung

Besonderheiten ergeben sich freilich daraus, dass Durchbrechungsmöglichkeiten im Sinne der Befugnis zu investigativen Eingriffen in das Bankkundengeheimnis das vom Bundesverfassungsgericht im Volkszählungsurteil 1983[32] aus Art. 2 Abs. 1 i.V.m. Art. 1 Abs. 1 GG hergeleitete Grundrecht auf informationelle Selbstbestimmung betreffen.[33]

---

31 *Selmer*, Steuerrecht und Bankgeheimnis, Hamburg 1981, S. 7 f.

32 BVerfGE 65, 1.

33 *Herzog*, WM 1996, 1753 (1757); *ders.*, WM 1999, 1905 (1916 f.); ausführlich dazu jetzt *Huhmann* (oben Fn. 7), S. 125 ff.

Einschränkungen des Grundrechtes auf informationelle Selbstbestimmung bedürfen einer Rechtfertigung durch überwiegende Allgemeininteressen. Es bedarf einer hinreichend bestimmten gesetzlichen Grundlage, aus der sich Voraussetzungen und Umfang der Beschränkungen ergeben. Neben der Beachtung des Grundsatzes der Verhältnismäßigkeit hat der Gesetzgeber insbesondere organisatorische und verfahrensrechtliche Vorkehrungen zu treffen, welche der Gefahr der Verletzung des Persönlichkeitsrechts entgegenwirken und Rechtsschutz gegenüber Informationseingriffen ermöglichen.[34]

Vor diesem Hintergrund hat der Bundesbeauftragte für den Datenschutz in seinem Tätigkeitsbericht 2001/2002 vor überbordenden und wenig grundrechtssensibel ausgestalteten Eingriffsmöglichkeiten in das Bankgeheimnis gewarnt; sie könnten „zu einer weitgehenden Transparenz des Finanzmarktes und des Anlageverhaltens jedes Bürgers führen und zu einer Bedrohung für sein Grundrecht auf informationelle Selbstbestimmung werden".[35] *Ernst Benda* hatte schon vor gut 20 Jahren im „Handbuch des Verfassungsrechts" als Beispiele besonders sensibler persönlicher Lebenssachverhalte, die der informationellen Selbstbestimmung unterliegen, neben Daten über den Gesundheitszustand ausdrücklich die finanziellen Verhältnisse einer Person benannt.[36] Wie bereits mehrfach von mir dargelegt worden ist, wird das Grundrecht auf informationelle Selbstbestimmung bereits von der bloßen Speicherung der Bankkundendaten berührt, da hierdurch die Grundlagen für weitere Verknüpfungen und Verarbeitungen außerhalb des ursprünglichen Erhebungszwecks und im Rahmen staatlicher oder staatlich veranlasster Ermittlungen gelegt werden.[37] Um noch einmal *Ernst Benda* zu zitieren:

> Die Gefährdung der Privatsphäre des Einzelnen ergibt sich nicht daraus, dass überhaupt Informationen über ihn gesammelt werden; sie liegt vielmehr darin, dass er die Verfügung darüber verliert, an wen und zu welchen Zwecken solche Informationen vermittelt werden. Nicht die Information an sich, sondern ihre dysfunktionale Weitergabe, auf die der Betroffene keinen Einfluss hat, zerstört die Privatsphäre. Die sich daraus ergebenden verfassungsrechtlichen Forderungen lassen sich so zusammenfassen: amtliche Stellen, die zur Erfüllung der ihnen

---

34 BVerfGE 65, 1, 41 ff.

35 Tätigkeitsbericht 2001 und 2002 des Bundesbeauftragten für den Datenschutz – 19. Tätigkeitsbericht –, S. 19.

36 *Benda*, in: Handbuch des Verfassungsrechts, Berlin/New York 1984, S. 122.

37 Vgl. oben Fn. 33.

> zugewiesenen und von der Rechtsordnung gebilligten Aufgaben personenbezogene Informationen sammeln, haben sich auf das zur Zweckerreichung erforderliche Minimum zu beschränken.[38]

Übertragen auf das Bankgeheimnis bedeutet dies für Eingriffe: neben gesetzlichen Grundlagen, die Art, Umfang und Zweck des Zugriffs auf Bankkundendaten im Rahmen von Ermittlungen bereichsspezifisch und präzise bestimmen, ist im Hinblick auf die Wahrung des Rechts auf informationelle Selbstbestimmung die Verhältnismäßigkeit in besonderer Weise zu beachten.

Die Regelung des Zugriffs auf persönliche Daten darf sich – wie dies einer der Väter des Datenschutzrechts *Spiros Simitis* einmal formuliert hat[39] – nicht im „Nebel der Generalklauseln" verlieren. Die Eingriffsintensität muss im Einzelfall stets auf den Prüfstand einer problemsensiblen Abwägung zwischen Ermittlungsinteresse und grundrechtlich geschützter Privatsphäre von Bürgerinnen und Bürgern gestellt werden. Und besonders kritisch, ja bedrohlich für das Grundrecht auf informationelle Selbstbestimmung wird es dort, wo der Betroffene von Datenerhebungen überhaupt keine Kenntnis besitzt oder erlangen kann, denn dann kann er ja gar nicht mehr überblicken – wie es im Volkszählungsurteil so schön heißt – „wer was wann bei welcher Gelegenheit über ihn weiß".[40]

Die verfassungsrechtliche Einbindung des Bankkundengeheimnisses in das Grundrecht auf informationelle Selbstbestimmung verwandelt die finanzielle Privatsphäre zwar nicht in einen ermittlungsfreien Raum, hebt ihren Stellenwert aber deutlich über eine nur vertraglich gestaltete Geheimnisschutzsphäre hinaus. Und sie verdeutlicht, dass es geboten ist, den Bereich von Finanztransaktionen nicht nur als Risikobereich anzusehen, der umfangreichen Ermittlungsoperationen offen stehen muss, sondern dass Finanzermittlungen auch von hohem Risiko für die bürgerlichen Freiheitsräume sind.

---

38 *Benda* (oben Fn. 36), S. 123 f.

39 Vgl. *Simitis*, NJW 1984, 398 ff.

40 BVerfGE 65, 1, 43.

III. Durchbrechungen des Bankkundengeheimnisses

1. Kein Zeugnisverweigerungsrecht für den Bankier

Zivilprozessrechtlich und in anderen Verfahrensordnungen wird der Bankier – wie ausgeführt[41] – zu dem zeugnisverweigerungsberechtigten Kreis von Berufsgeheimnisträgern gezählt. Strafprozessrechtlich ist das Zeugnisverweigerungsrecht dagegen auf bestimmte Berufsgruppen beschränkt; der Bankier findet sich nicht in der entsprechenden Aufzählung des § 53 Abs. 1 StPO. Nach der Rechtsprechung des Bundesverfassungsgerichts kann der Kreis der Weigerungsberechtigten auch nicht im Wege entsprechender Anwendung auf Angehörige anderer Berufe, denen in ihrer Tätigkeit auch Vorgänge aus dem persönlichen Lebensbereich anvertraut und bekannt werden, ausgeweitet werden.[42] Nur in ganz seltenen Fällen und unter strengen Voraussetzungen hält das Bundesverfassungsgericht eine einzelfallbezogene Herleitung eines Zeugnisverweigerungsrechts unmittelbar aus Art. 2 Abs. 1 i.V.m. Art. 1 Abs. 1 GG für denkbar, soweit es um Beweisthemen geht, die den Kern der privaten Lebensgestaltung, also die Intimsphäre betreffen.[43] Dass es nicht sachgerecht wäre, das Bankkundengeheimnis diesem Kernbereich zuzuordnen, habe ich bereits angesprochen. Es stellt sich somit nur de lege ferenda die Frage, ob der Bankier nicht der Sache nach in den Kreis der Zeugnisverweigerungsberechtigten gehören sollte.[44] Ob man mit entsprechenden Überlegungen rechtspolitisch Gehör findet, ist freilich mit einem Fragezeichen zu versehen. Das Zeugnisverweigerungsrecht bezweckt den Schutz von Vertrauensverhältnissen zwischen einer Vertrauensperson und einer Person, die sich hilfe- und ratsuchend an ihn wendet und dabei persönliche Lebenssachverhalte preisgibt, die nicht zur Kenntnis Dritter gelangen sollen. Diese persönlichen Lebenssachverhalte können jedoch für die Aufklärung von Straftaten von Bedeutung sein. Der Gesetzgeber ist in diesem Spannungsverhältnis dazu aufgerufen, eine an dem Grundsatz der Verhältnismäßigkeit orientierte Abwägung zwischen dem Schutz von Vertrauensverhältnissen, dem darin enthaltenen Recht auf informationelle Selbstbestimmung der auf Vertraulichkeit

41 Oben bei und in Fn. 15.
42 BVerfGE 33, 367, 374 ff. (Sozialarbeiter).
43 Vgl. auch BVerfGE 44, 353, 372 ff. (Suchtkrankenberatung).
44 Entsprechende Überlegungen bei *Huhmann* (oben Fn. 7), S. 142 ff.

setzenden Personen und dem Allgemeininteresse an der Aufklärung von Straftaten zu leisten.

In vielen Bereichen von Bankdienstleitungen schwindet natürlich zunehmend durch das Konzept der „Beraterbank“ der Unterschied zu den rechts- und steuerberatenden Berufen und zu den Wirtschaftsprüfern, die ja gerade in den Bereich der weigerungsberechtigten Personen einbezogen sind. Im Bereich etwa von Projektfinanzierungen oder Asset Management findet sich bei Banken eine Informations- und Datenfülle, die ihresgleichen sucht.[45] Gleichwohl ist die Abwägung und Entscheidung des Gesetzgebers, den Bankier nicht in den Kreis der zeugnisverweigerungsberechtigten Personen einzubeziehen, nicht unter dem Gesichtspunkt einer Verletzung von Art. 3 Abs. 1 GG zu beanstanden, da es bei dem bestehenden Kreis der Zeugnisverweigerungsberechtigten um Berufsgruppen geht, für deren soziale Rolle und Aufgabe die Begründung höchstpersönlicher, keine Offenbarung duldender Vertrauensverhältnisse kennzeichnend ist. Während es bei der Konsultation eines Arztes oder dem Gespräch mit einem Anwalt gerade um eine enge personale und interpersonale Dimension von Vertrauen geht, ist die Beziehung zum Kreditinstitut durch ein Vertrauen in eine institutionelle, durch Organisation geleistete Sicherung von Vertraulichkeit gekennzeichnet. Zwar erwartet der Bankkunde, dass die ihn persönlich beratenden Mitarbeiter das Vertrauensverhältnis wahren, er weiß aber zugleich, dass seine Daten und Informationen institutionell verarbeitet und bewertet werden. Der beratende Bankier ist keine Person, mit der man eine höchstpersönliche Beziehung pflegt, deren Gesprächsinhalte gewissermassen das „Sprechzimmer“ nicht verlassen. Dass dem Bankier in Abwägung zu dem Allgemeininteresse an der Aufklärung von Straftaten kein Zeugnisverweigerungsrecht eingeräumt ist, erscheint also seiner sozialen Rolle und der gesellschaftlichen Erwartung an die Natur der dort zu findenden Vertrauensbeziehungen durchaus angemessen.

2. *Zeugenvernehmung/Durchsuchung/Beschlagnahme und das Instrument der Abwendungsauskunft*

Auch wenn Bankmitarbeitern kein Zeugnisverweigerungsrecht zur Seite steht, gilt es gleich eingangs festzustellen, dass dies nur für das strafprozes-

45 Vgl. A.a.O., S. 149 ff.

sual geregelte Ermittlungsverfahren gilt, nicht jedoch für polizeilich-präventive Ermittlungsoperationen im Vorfeld eines Anfangsverdachts. Bei formlosen Erkundigungen, informatorischen Befragungen und ähnlichen Vorfeldermittlungen wird der Bankmitarbeiter immer auf seine Pflicht zur Wahrung des Bankkundengeheimnisses verweisen können und müssen. Auch im förmlichen Strafverfahren selbst hat der Bankmitarbeiter keine Auskunftspflicht gegenüber Polizeibeamten als Hilfsbeamten der Staatsanwaltschaft. Bankmitarbeiter sind aber gemäß § 161 a StPO spätestens dann zu Zeugenaussagen verpflichtet, wenn sie von der Staatsanwaltschaft hierzu ordnungsgemäß geladen werden. Die Rolle eines Zeugen in einem Ermittlungsverfahren besteht nach einhelliger Auffassung darin, eigene persönliche Wahrnehmungen über einen in der Vergangenheit liegenden Vorgang zu bekunden.[46] Daraus folgt, dass Bankmitarbeiter in der Rolle des Zeugen keinesfalls dazu angehalten sind, sich über die finanziellen Verhältnisse eines Kunden und seine Transaktionen durch Beiziehung von Kontounterlagen und weitere Recherchen ein Bild zu machen.[47] Ein Zeuge ist kraft seiner zurückliegenden Wahrnehmung am Strafverfahren beteiligt, nicht zum Zwecke seiner Heranziehung als Ermittlungsgehilfe. Wenn verschiedentlich formuliert wird, dass ein Zeuge gehalten sei, in zumutbarem Umfang sein Gedächtnis aufzufrischen,[48] so kann das nicht heißen, dass ihn die Pflicht trifft, sich Kenntnis von Vorgängen zu verschaffen, die zuvor nie – und sei es auch nur im sachgedanklichen Mitbewusstsein – Gegenstand seiner Wahrnehmung gewesen sind. Bezogen auf die üblichen Bankgeschäfte eines durchschnittlichen Kunden im Fluss einer Vielzahl von Bankgeschäften vieler anderer Kunden wird ein Bankmitarbeiter nur selten aus der Erinnerung eigener Wahrnehmung Angaben darüber machen können, welche Bewegungen auf den Konten zu verzeichnen gewesen sind.[49] Die sich daraus ergebende Zeugenaussage, an diesen oder jenen Vorgang habe man keinerlei Erinnerung, wird zwar von Ermittlern zuweilen als ein unzulässiger Versuch, das Bankgeheimnis zu

46 Grundlegende Entscheidung zur Rolle und Aufgabe des Zeugen als persönliches Beweismittel RGSt 47, 104.

47 Vgl. *M. Kaufmann*, Die Bedeutung der Einbeziehung von Bankmitarbeitern in die strafrechtliche Bekämpfung der Geldwäsche, Frankfurt a.M. 2001, S. 134 m.w.N.

48 *Meyer-Goßner*, StPO, 46. Aufl., München 2003, § 69 Rn. 6.

49 *Selmer* (oben Fn. 31), S. 60.

wahren, angesehen werden, ist aber im Hinblick auf den Umfang der Zeugenpflicht die zutreffende und gebotene Auskunft. Es ist deswegen auch der Kritik von *Selmer* zuzustimmen, dass es eine ermessensmissbräuchliche Anwendung der Ermittlungsmaßnahme Zeugenvernehmung darstellt, wenn Vorstandsmitglieder, Direktoren oder leitende Angestellte als Zeugen geladen werden, um zu bankinternen Ermittlungen zu drängen.[50] Von diesen Personenkreis kann in aller Regel niemand aus eigener Wahrnehmung Angaben über die Bankgeschäfte eines durchschnittlichen Kunden machen und es steht der Verdacht im Raum, dass der Banker durch die Zeugenrolle als Fahnder missbraucht werden soll.

Dem Problem der Bankdurchsuchungen als Durchbrechungen des Bankgeheimnisses könnte man einen eigenen umfangreichen Vortrag widmen. Deshalb in aller Kürze nur soviel: Voraussetzung für Ermittlungsdurchsuchungen – finden sie nun beim Verdächtigen gemäß § 102 StPO oder bei anderen Personen gemäß § 103 StPO statt – ist, dass tatsächliche Anhaltspunkte für das Vorliegen einer bestimmten Straftat gegeben sind.[51] Durchsuchungen, die überhaupt erst der Herstellung eines solchen Anfangsverdachts dienen sollen, bewegen sich nicht im Rahmen einer durch die Strafprozessordnung gedeckten Ermittlungstätigkeit und drängen im Hinblick auf die hierdurch verletzten Grundrechte der Betroffenen den Schluss auf, dass es sich um eine verfassungswidrige Willkürmaßnahme handelt.[52] Der strafprozessuale Anfangsverdacht als Eingriffsschwelle steht Ausforschungsdurchsuchungen auf Grund eines Betriebsverdachts – etwa der Art, dass bei Banken immer mit „schmutzigem Geld" und kriminellen Kunden zu rechnen ist – strikt entgegen.[53] Vor dem Hintergrund der Bankdurchsuchungen des Jahres 1994 und der dazu ergangenen Beschlüsse des Bundesverfassungsgerichts[54] hat sich freilich gezeigt, dass die Verdachtsschwelle von den Ermittlungsbehörden sehr nahe an die Grenze des Betriebsverdachts und der

50 A.a.O., S. 60 f.

51 Vgl. nur *Beulke,* Strafprozessrecht, 6. Aufl., Heidelberg 2002, Rn. 258 m.w. N. zur jüngsten Rspr. des BverfG.

52 Vgl. BVerfG NStZ 1994, 349; danach verstößt die Anordnung einer Durchsuchung gegen Art. 3 Abs. 1 GG „wenn sich für sie sachlich zureichende plausible Gründe nicht finden lassen".

53 Vgl. dazu *Herzog*, WM 1999, 1905 (1914 f.) unter Verweis auf *Joecks*, WM 1998 (Sonderbeilage).

54 BVerfG, WM 1994, 691 ff.; BVerfG, WM 1995, 234 ff.

Vermutung herabgesenkt werden kann, ohne dass das Bundesverfassungsgericht hieran Anstoß genommen hätte. Ein Durchsuchungsbeschluss, der sich auf sämtliche Geschäftsräume einer Bank und auf alle Unterlagen erstreckt, die – wie es so schön in einem entsprechenden amtsrichterlichen Beschluss heißt – im Zusammenhang mit der „verheimlichenden Transferierung von Geld in das und aus dem Ausland stehen",[55] führt zu einer flächendeckenden Informationsbeschaffung über eine Vielzahl von Bankkunden und stellt eine massive Durchbrechung des Bankkundengeheimnisses dar. Das Bundesverfassungsgericht hat freilich in den beiden Bankendurchsuchungsentscheidungen tunlichst die Verwendung des Begriffs „Bankgeheimnis" vermieden, vielmehr von der „Integrität des Vertrauensverhältnisses zwischen einer Bank und ihrem Kunden" gesprochen und dann in der Abwägung u.a. ausgeführt:

> Die Integrität eines Vertrauensverhältnisses kann jedenfalls nicht gegenüber dem Vorwurf gewährleistet sein, gerade in dem Vertrauen auf die Nichtweitergabe von Geschäftsdaten seien mittels der Bank systematisch Straftaten begangen worden. Dass bei der Aufklärung dieses Vorwurfs auch das achtungswürdige Vertrauen redlicher Kunden... berührt werden kann, liegt in der Natur der Sache und vermag zulässige Ermittlungsmaßnahmen nicht zu verhindern.[56]

In die Abwägung hatte das Bundesverfassungsgericht den Verdacht einer großen Zahl von Straftaten eingestellt, die die gebotene steuerliche Belastungsgleichheit vereiteln könnten und „sich schon deswegen als keineswegs belanglos darstellen". Es gehe hier nicht allein um das fiskalische Interesse an der Sicherung des Steueraufkommens, sondern derartige Taten verletzten „im Rechtsstaatsprinzip und im Gleichbehandlungsgebot verankerte öffentliche Interessen von einem sehr viel höheren Rang".[57]

Werden die überwiegenden Allgemeininteressen derart hoch angebunden, hat das Bankkundengeheimnis natürlich in der Abwägung einen schweren Stand. Im Interesse einer problemsensiblen Abwägung und im Trend einer immer stärkeren konsensualen Ausrichtung des Strafverfahrens liegt es nahe, nach milderen Mitteln einer Durchsetzung legitimer Ermittlungsinteressen zu

---

55 So die Beschlüsse des Amtsgerichts Düsseldorf zitiert im Beschluss des BVerfG, WM 1994, 691, 693.

56 BVerfG, WM 1995, 234, 237.

57 A.a.O., 236.

suchen. Hier wäre das Mittel der Abwendungsauskunft und -vorlage zu nennen.[58] In Rechtsprechung und Schrifttum wird zunehmend vertreten, dass es der Verhältnismäßigkeitsgrundsatz gebieten kann, dem Betroffenen Gelegenheit zu geben, die bestimmten Beweismittel freiwillig herauszugeben, die Durchsicht seiner Räume sowie Sachen im Einvernehmen zu gestalten und dadurch Durchsuchungen und Beschlagnahmen abzuwenden.[59] Das bankenrechtliche Schrifttum hat schon lange diesen Weg als das richtige und mildeste Mittel favorisiert, ohne dabei die Gefahr zu übersehen, dass die drohenden Zwangsmaßnahmen einen problematischen Motivationsdruck bewirken können.[60]

Es darf hier jedenfalls nicht auf Kosten des Bankkundengeheimnisses zur Abwendung drohender Imageschäden für das Kreditinstitut „gedealt" werden, sondern eine solche Vorgehensweise ist nur dann als unbedenklich anzusehen, wenn die sich am Horizont abzeichnende Durchsuchungs- und Beschlagnahmeanordnung rechtmäßig verfügt werden könnte.

3. „Zufallsfunde"

Vielleicht wird es dadurch auch gelingen, die den Verdacht des Missbrauchs naheliegende Häufigkeit von sogenannten Zufallsfunden bei Bankdurchsuchungen zurückzudrängen. Gemäß § 108 StPO können bei einer Durchsuchung gefundene Gegenstände, die auf die Begehung einer *anderen* Straftat hindeuten, in Beschlag genommen werden. Eine nicht hinzunehmende rechtswidrige Durchbrechung des Bankgeheimnisses stellt es dar, wenn razzienartig in Banken durchsucht wird und dabei systematisch nach Dokumenten Umschau gehalten wird, die mit der Bezugstat der Durchsuchungsanordnung nichts zu tun haben.[61] Solche „gezielten Zufallsfunde" werden nicht gelegentlich der Durchsuchung gefunden, sondern anlässlich der Durchsuchung vorsätzlich aufgespürt. Wird die Beschränkung des § 108 StPO auf genuine

---

58 Dazu differenzierend *Selmer*, (oben Fn. 31), S. 75 ff.; aus Sicht der Kreditwirtschaft *Dahm u.a.*, Bankgeheimnis und Bankauskunft in der Praxis, 5. Aufl., Wiesbaden 1995, Rn. 25 ff.

59 Vgl. *Pfeiffer*, StPO, 4. Aufl., München 2002, § 103 Rn. 1 m.w.N.

60 Siehe die Nachweise (oben Fn. 58).

61 Zu dieser Problematik *Dahm u.a.* (oben Fn. 58), Rn. 23.

Zufallsfunde nicht Ernst genommen, dann drohen rechtsstaatliche, die Grundrechte schützende Grenzen von Ermittlungseingriffen unterspült zu werden. Denn § 108 StPO stellt ohnehin schon eine Durchbrechung der strafprozessualen Eingriffsmaxime dar, dass sich Ermittlungen nicht auf die Suche nach einer noch zu entdeckenden Tat machen dürfen, sondern von konkreten Anhaltspunkten für eine vorhandene Tat ausgehen müssen.[62] Freilich droht diese Ermittlungsmaxime nicht nur durch den Missbrauch der Zufallsfundregelung der StPO entwertet zu werden, sondern wird – wie ich sogleich zeigen werde – auch durch die Verdachtsschöpfungsmechanismen des Geldwäschebekämpfungsgesetzes in Frage gestellt.

4. *Geldwäscheverdacht und Meldepflichten nach dem GwG*[63]

Die Aufklärung schwerer Straftaten ist ein wesentlicher Auftrag eines rechtsstaatlichen Gemeinwesens. Wenn also das GwG in § 11 bestimmt, dass im Falle des Verdachts einer Geldwäschetat nach § 261 StGB und neuerdings der Finanzierung des inländischen und ausländischen Terrorismus eine Anzeigepflicht gegenüber den Strafverfolgungsbehörden besteht, dann ist dagegen zunächst nichts einzuwenden. Der legale Finanzkreislauf muss gegen seinen Missbrauch durch schmutzige Finanztransaktionen geschützt werden; Finanztransaktionen bilden wichtige Anhaltspunkte für Ermittlungen auf den Feldern der Organisierten Kriminalität und der Terrorfinanzierung; es ist ein Gebot der Gerechtigkeit, dass Gelder, die zur Begehung von Straftaten genutzt werden oder den Ertrag von Straftaten bilden, den Tätern entzogen und der Gesellschaft und den Opfern der Straftaten zugute kommen. Wenn schmutziges Geld durch seine Wäsche legal verfügbar gemacht werden kann, dann droht eine Korrumpierung der Gesellschaft durch den Einfluss krimineller Kartelle. Es muss Befugnisse und Mittel geben, um solchen Entwicklungen Einhalt zu gebieten. Der Finanzdienstleistungssektor ist schon aus eigenem Integritätsinteresse und im Sinne ethischen Wirtschaftens dazu aufgerufen, durch eine sorgfältige Beachtung der Verdachtsanzeigepflicht ge-

62 Vgl. *Selmer* (oben Fn. 31), S. 79 ff.

63 Dazu ausführlich und in kritischer Begleitung der Entwicklungen in Politik und Recht *Herzog*, WM 1996, 1753 ff.; *ders.*, WM 1999, 1905 ff.; *ders./Christmann*, WM 2003, 6 ff.

mäß § 11 GwG hierzu seinen Beitrag zu leisten und tut dies auch. Man muss sich jedoch davor hüten, Bedrohungen zu dramatisieren und weitläufige Szenarien sachlich zu trennender Bereiche von der systematischen Steuerverkürzung über Wirtschaftskriminalität und Organisierte Kriminalität bis hin zur Terrorismusfinanzierung aufzubauen, die letztlich nur noch von dem Grundsatz beherrscht werden, dass der Zweck, wirtschaftlichen Schaden und gesellschaftliches Unheil abzuwenden, alle Mittel dafür als notwendig erachteter Informationsbeschaffung heiligt. Auch wenn aus dem Hause des ehemaligen Bundesaufsichtsamtes für das Kreditwesen und in der kriminalpolitischen Debatte immer wieder gefordert worden ist, das Geldwäschegesetz als eine moderne Form von Strukturprävention zu begreifen, die jenseits und außerhalb des strafrechtlichen und polizeilichen Ordnungsauftrags operieren müsse,[64] führt kein Weg daran vorbei, dass die Meldepflicht nach § 11 GwG von dem unmissverständlichen Begriff des Verdachts gesteuert wird. Der Geldwäscheverdacht muss nach herrschender und richtiger Auffassung dem strafprozessualen Anfangsverdacht i. S. von § 152 Abs. 2 StPO zugeordnet werden, da Bezugspunkt des Verdachts Straftatbestände und Adressaten der Verdachtsanzeige die Strafverfolgungsbehörden sind. Es geht nicht um irgendwelche reinen Papierspuren, sondern eine Verdachtsanzeige hat Inkulpationswirkung gegenüber den in die Finanztransaktion verwickelten Personen.[65]

Der strafprozessuale Anfangsverdacht ist eine zentrale rechtsstaatliche Sicherung der Privatsphäre der Person gegenüber Ausforschungsermittlungen des Staates. So wie die Regelung des § 152 Abs. 2 StPO *positiv* die Verpflichtung enthält, bei zureichenden tatsächlichen Anhaltspunkten für verfolgbare Straftaten Ermittlungen aufzunehmen, enthält sie zugleich *negativ* ein Verbot von Ermittlungen ohne zureichende tatsächliche Anhaltspunkte für eine existierende Straftat. Dieses Ermittlungsverbot ist verfassungsrechtlich im Rechtsstaatsprinzip verankert und konstituiert mit Bezug auf die Menschenwürde eine sogenannte Redlichkeitsvermutung gegenüber jedem Menschen – keine Person darf nur deswegen, weil man ihr kriminelle Neigungen und Verstrickungen zutraut, in Ermittlungsoperationen zur Abklärung

---

64 Exponiert insoweit *Findeisen,* wistra 1997, 121 ff. und *Hetzer*, wistra 2000, 368 ff.

65 Ausführlich dazu jetzt *M. Kaufmann* (oben Fn. 47), S. 92 ff.

von Vermutungen verstrickt werden.[66] Der Verkehr mit Geld ist nicht per se eine verdächtige Situation, nur weil es schmutziges Geld gibt. An den Geldverkehr kann man auch nicht nach dem Motto einer Beweislastumkehr herangehen, dass wer Geld hat, jederzeit und sofort den Nachweis lauterer Quellen führen können muss. Das gilt jedenfalls dann, wenn man an dem „alteuropäischen" Verständnis festhält, dass der Staat die Beweislast für die Berechtigung zum Eingriff in Freiheitsräume trägt.

Deswegen ist es ein gravierendes Problem, dass immer wieder versucht wird, die Regelung über die Verdachtsanzeigepflicht gemäß § 11 GwG mit der Regelung des § 14 GwG über die bankinterne Vorsorge gegen den Missbrauch des Instituts für Geldwäsche und Terrorismusfinanzierung zu verkoppeln. Bei § 14 GwG handelt es sich um eine wirtschaftsverwaltungsrechtliche Norm, die keine datenschutzrechtlich hinreichenden, konkretisierenden Eingriffsermächtigungen für das rasterfahndende Screening von Bankkundenverhalten und deren Finanztransaktionen durch die Institute im staatlichen Auftrag enthält. Es besteht also keine Verpflichtung der Institute im Wege der Verdachtsschöpfung aktiv tätig zu werden, um ihre Verdachtsanzeigepflicht aus § 11 GwG zu erfüllen.[67]

5. *Geheimdienstliche Operationen*[68]

Im Gefolge der terroristischen Verbrechen des 11. September 2001 ist es im Rahmen der Anti-Terror-Gesetzgebung auch auf der Ebene geheimdienstlicher Operationen zu einer Erweiterung der Zugriffsbefugnisse auf personenbezogene Daten im Finanzdienstleistungssektor gekommen. Dies kann hier nur kurz skizziert werden. So hat etwa das Bundesamt für Verfassungsschutz u.a. auch Zugriffsbefugnisse auf die Datenbestände von Kreditinstituten, Finanzdienstleistungsinstituten und Finanzinstituten erhalten, soweit dies der Aufgabenerfüllung des Bundesamtes nach § 3 Abs. 1 Nrn. 2-4 BVerfSchG dient. Nach Nr. 4 – die durch das Terrorismusbekämpfungsgesetz neu eingeführt worden ist – können solche Daten etwa dann angefor-

66 Vgl. dazu *Weßlau*, in: Systematischer Kommentar StPO, Neuwied 2003 (Stand 30. Erg.Lfg.), § 152 Rn. 21, 42 m.w.N.

67 Ausführlich dazu jetzt *M. Kaufmann* (oben Fn. 47), S. 171 ff.

68 Vgl. dazu ausführlicher und m.w.N. *Herzog/Christmann,* WM 2003, 6 (8 f.).

dert werden, wenn es um die Aufklärung von Bestrebungen geht, die gegen den Gedanken der Völkerverständigung, insbesondere gegen das friedliche Zusammenleben der Völker gerichtet sind. Einige der dem Verfassungsschutz eingeräumten Befugnisse haben auch der Bundesnachrichtendienst und der Militärische Abschirmdienst erhalten. Soweit Telebanking in Rede steht, haben sämtliche Geheimdienste Zugriffsbefugnisse, vermittelt über die Auskünfte, die hinsichtlich Teledienstenutzungsdaten eingeholt werden können. Naturgemäß sind die Aktivitäten des Geheimdienstes nicht von der strafprozessualen Schwelle des Anfangsverdachts eingehegt, sondern bewegen sich im Vorfeld schwer konkretisierbarer Gefährdungslagen. Und naturgemäß sind Informationseingriffe in diesem Bereich verdeckt und außerhalb richterlicher Kontrolle angesiedelt. In rechtsstaatlicher Hinsicht beruhigt, dass gegenüber dem ursprünglichen Regierungsentwurf die Anordnungsbefugnis für derartige Operationen nicht mehr beim Präsidenten des jeweiligen Dienstes, sondern auf der politischen Verantwortungsebene angesiedelt ist. Immerhin ist auch die G10-Kommission in solche Vorgänge eingebunden. Auch die Weitergabe von Erkenntnissen an Strafverfolgungsbehörden ist eng geregelt. Die Weitergabe von Daten für polizeiliche Aufgaben ist indes nach der Generalklausel möglich, wenn der Empfänger die Daten „für Zwecke der öffentlichen Sicherheit benötigt", also unter weiten und eher konturlosen Voraussetzungen. Und freilich ändern auch die genannten Beschränkungen und die Befassung der G10-Kommission nichts an der grundsätzlichen Intransparenz der Maßnahmen gegenüber den betroffenen Bankkunden und der damit fehlenden Möglichkeit, rechtzeitig Rechtsschutz erlangen zu können. Dies ist aus Sicht von Bankkunden auch deshalb besorgniserregend, weil bereits die schlichte Einholung von Erkundigungen bei Kreditinstituten über Konten und Transaktionen durch einen Geheimdienst faktisch die Geschäftsbeziehung trüben kann. Der Bankkunde mag sich dann über eine plötzlich zurückhaltende Geschäftspolitik seiner Bank wundern, wird sich dies aber nicht unbedingt erklären können, denn dem Auskunftsgeber ist es ausdrücklich verboten, den Betroffenen das Auskunftsersuchen und die übermittelten Daten mitzuteilen.

6. *Finanzmarktaufsicht und Bankkundenüberwachung*

In den Sog der Ereignisse und des sicherheitspolitischen Aktionismus im Gefolge des 11. September ist schließlich auch das Vierte Finanzmarktförderungsgesetz geraten. Hier sind Auskunftsbefugnisse und Zugriffsmöglichkeiten für die Finanzdienstleistungsaufsicht geschaffen worden, die weder an besondere Legitimationsvoraussetzungen geknüpft sind, noch ein hinreichendes Schutzprogramm für die Rechte der letztlich betroffenen Bankkunden aufweisen. Es geht zum einen um die Einführung eines automatisierten Abrufs von Konteninformationen in § 24 c KWG und zum anderen um die erweiterten Pflichten der Kreditinstitute zur Überwachung der Aktivitäten ihrer Kunden in § 25 a Abs. 1 Nr. 4 KWG.

Der automatisierte Kontenabruf erscheint zunächst hinsichtlich seines Datenumfangs nicht sonderlich spektakulär; es ist aber sicherlich das Recht auf informationelle Selbstbestimmung betroffen, wenn sich staatliche Organe auf diese Weise ein Bild darüber machen können, zu welchen Kreditinstituten Bürger Geschäftsbeziehungen unterhalten.[69] Besonders bemerkenswert und bedenklich ist die Struktur und die Voraussetzungsarmut dieses Verfahrens. Völlig zu Recht hatte der Bundesrat in seiner Stellungnahme die Datenabrufe dem Bereich der Inneren Sicherheit und Ordnung sowie der Strafverfolgung zugewiesen,[70] was auch im Hinblick auf die den Kreditinstituten auferlegte Kostentragungspflicht bedeutsam ist. Die Gegenäußerung der Bundesregierung, § 24c KWG diene „primär bankenaufsichtsrechtlichen Zwecken“,[71] belegt, wie fließend und unsensibel mit den Bereichsgrenzen in der Geldwäschebekämpfung und bei Finanzermittlungen umgegangen wird.

Rechtsstaatlich frappierend ist an dieser Regelung, dass sich das gesamte Verfahren vollständig hinter dem Rücken der Banken und ihrer Kunden und ohne Überprüfungsmöglichkeit im Einzelfall, sondern eben automatisiert und lediglich von den Kriterien des Aufgabenzusammenhangs getragen abspielt. Weder die Kunden, noch die Kreditinstitute erfahren je, ob, wann, unter welchen Voraussetzungen und in wessen Auftrag eine Datenabfrage erfolgte. Weder die Eigenabfrage der Bundesanstalt für Finanzdienstleistungsaufsicht (BAFin) noch die Auftragsabfrage der BAFin auf Ersuchen in- oder ausländi-

69 *Escher,* BKR 2002, 652 (685) und jüngst *Zubrod*, WM 2003, 1210 (1215 f.).
70 Stellungnahme des Bundesrates, BT-Drs. 14/8017, S. 170.
71 Gegenäußerung der Bundesregierung, BT-Drs. 14/8017, S. 184.

scher Behörden oder Gerichte unterliegen einem Richtervorbehalt. Bei Auftragsabfragen ist nur bei besonderem Anlass hierzu vorgesehen, dass die BAFin die Zulässigkeit der Übermittlung an die ersuchende Stelle prüft. Wie hier ein rechtsstaatliches und datenschutzgerechtes Verhalten insbesondere bei ausländisch veranlassten Auftragsabfragen vorstellbar sein soll, ist schwer erfindlich.[72]

Durch die neue Regelung des § 25 a Abs. 1 Nr. 4 KWG wird programmatisch an der Geldwäschebekämpfungsstrategie des Monitoring und Konten-Screening festgehalten, trotz der immer wieder – auch von mir – vorgetragenen und vom Bundesrat aufgenommenen Kritik,[73] dass damit der Weg zu einer bedenklichen umfassenden Rasterung aller Kundendaten allein auf Grund einer Abweichung von Normalverhaltensparametern eröffnet wird. Offen ist nach wie vor, nach welchen Parametern diese Systeme Konten rastern sollen. Und unsensibel wird nach wie vor mit dem Problem umgegangen, dass dies zwar durch die Banken, aber im Wege deren Inpflichtnahme durch den Staat geschehen soll – was vor allem angesichts des erheblichen aufsichtsrechtlichen Druckes und vor dem Hintergrund der strafrechtlichen Risiken für Kreditinstitute im Zusammenhang mit der Geldwäschestrafbarkeit schnell dazu führen kann, dass Bankkunden vom Vorhof des Geldwäscheverdachts in den Strudel von Strafverfolgungsmaßnahmen geraten. Immerhin bestimmt jetzt § 11 Abs. 8 Geldwäschebekämpfungsgesetz für entsprechende Parameter eine Rechtsverordnungskompetenz des BMI und des BMF. Allerdings erscheint die Befürchtung gerechtfertigt, dass auch hierdurch keine konkretisierende Einengung der bisherigen Praxis im Bereich der Verdachtskriterien erfolgen wird, die schon heute dazu führt, dass in weit über 90 Prozent der Fälle der Verdacht im Ergebnis keiner Nachprüfung standhält.[74]

Im Hinblick auf eine das Recht auf informationelle Selbstbestimmung wahrende Verhältnismäßigkeit wären Research-Systeme und ihre Parameter so auszulegen, dass der Kreis der ausgefilterten Transaktionen so klein wie möglich gehalten wird. Die Begründungen im Gesetzgebungsverfahren vermuten aber gerade auch im Schutze des Massengeschäfts verdächtige Trans-

72 Vgl. *Herzog/Christmann,* WM 2003, 6 (10, 12) und die oben in Fn. 69 genannten Aufsätze.

73 Stellungnahme des Bundesrates, BT-Drs. 14/8958, S. 2.

74 Vgl. *Fülbier/Aepfelbach*, GwG, 4. Aufl., Köln 1999, § 11 Rn. 3, 19.

aktionen und fordern hier effektive Sicherungssysteme, die man sich nur als einen engzahnigen Rechen vorstellen kann, der eine Vielzahl von Transaktionen in den Verdachtsbereich kehrt.

Nach der Lehre von den faktischen Grundrechtsbeeinträchtigungen[75] kann eine solche Datenerhebung und -verarbeitung auf staatliche Veranlassung hin und mit möglichen Weiterungen staatlicher Eingriffe nicht über den Weg des § 28 I BDSG als Mittel für die Erfüllung eigener Geschäftszwecke der Kreditinstitute legitimiert werden. Dies gelingt selbst bei einer immanenten Prüfung nach dem Maßstäben des § 28 I BDSG schwerlich – zwar kann als berechtigtes Interesse auf Seiten der Kreditinstitute der Integritäts- und Mitarbeiterschutz in die Abwägung eingebracht werden, erhebliches Gewicht hat dagegen aber das schutzwürdige Interesse der betroffenen Bankkunden, nicht in die Mühlen von staatlichen Ermittlungen zu geraten.[76]

Die Regelungen des § 14 II Geldwäschebekämpfungsgesetz und des § 25 a I KWG als anstoßgebende Normen enthalten keine datenschutzrechtlich hinreichenden, konkretisierenden Eingriffsermächtigungen. Zwar wird dort eine tatbestandliche Grundlage für das Konten-Screening formuliert. Die datenschutzrechtlich gebotenen Regelungen über Organisation, Verfahren und Rechtsschutz hinsichtlich des Eingriffs vermisst man aber weiterhin.

IV. Auflösungstendenzen des Bankgeheimnisses

Dass Durchbrechungen des Bankkundengeheimnisses im Hinblick auf die betroffene finanzielle Privatsphäre und das Recht auf informationelle Selbstbestimmung sensibel gehandhabt werden müssen, ist die zentrale Botschaft meiner bisherigen Ausführungen gewesen. Moderne Tendenzen der Diskussion um die Effektivierung von Finanzermittlungen und Geldwäschebekämpfung laufen freilich in die entgegengesetzte Richtung: das Bankgeheimnis wird aus dem rechtlichen Zusammenhang herausgerissen und als kriminogen denunziert (1.), es wird ausdrücklich ein Abschied vom Verdacht als Eingriffsschwelle gefordert (2.) und die international vorgeschlagenen Kriterien auffälliger Transaktionen verlieren so an Trennschärfe, dass sich Finanz-

75 Vgl. dazu bezogen auf Durchbrechungen des Bankgeheimnisses *Miebach* (oben Fn. 10), S. 97 ff.

76 *Herzog*, WM 1996, 1753 (1758).

ermittlungen als Fischzüge auf dem Meer der Finanztransaktionen darstellen (3.).

1. Das Bankgeheimnis als „Alptraum des Wirtschaftskriminalisten"

Unter Kriminalisten und Steuerfahndern war das Bankgeheimnis schon immer schlecht beleumundet. Wie einst die DDR wurde es in Anführungszeichen gesetzt, vom *sogenannten* Bankgeheimnis gesprochen und beklagt, viele notwendige Ermittlungen scheiterten an dem „stereotypen Hinweis" auf dieses – wieder in Anführungszeichen gesetzt – „Rechtsinstitut". Überdies stoße man bei einigen Kreditinstituten auf „formal-rechtliche Überspitzung" und damit verbundene „bürokratische Erschwerung der Ermittlungstätigkeit", auf „Hochmut" und „erkennbare Interessenlosigkeit".[77] Diese Art von Polemik gegen das Bankgeheimnis und vor allem den Schutz der Belange der Bankkunden durch die Kreditinstitute wird durch die aktuelle Debatte um Steuerflucht und deren Verknüpfung mit dem Bedrohungsphänomen Organisierte Kriminalität noch zugespitzt. Bei *Wolfgang Hetzer* kann man dann etwa nachlesen:

„Eine wirkungsvolle kriminalistische Bearbeitung von Wirtschaftskriminalität, die regelmäßig fast alle für die Definition der Organisierten Kriminalität entwickelten Kriterien erfüllt, ist ohne Berücksichtigung steuer- und bankrechtlicher Gegebenheiten nicht möglich. Die weitere Verbreitung der Einsicht, dass es ein „Bankgeheimnis" gar nicht gibt, dürfte die Zusammenarbeit zwischen Polizei und Finanzbehörden weiter befördern. Die Berufung auf ein derartiges imaginäres Rechtsinstitut kann nicht von dem Versuch abhalten, die für eine optimale Bekämpfung „großkalibriger" und grenzüberschreitender Kriminalität unabdingbaren Information zu sammeln. Banken sind ein lohnendes Revier. Das sollte jedenfalls auch kein Geheimnis mehr sein".[78]

Die Banken als ein lohnendes Revier für die Jagd nach Informationen, weil es ein „Bankgeheimnis" gar nicht gibt. Einer solchen Sicht und darin angedeuteten Vorgehensweise von Finanzermittlungen muss man entschie-

---

77 Schönes Beispiel für eine solche Klage über das Bankgeheimnis als „Alptraum der Wirtschaftskriminalisten" bei *Kraft,* Kriminalistik 1976, 319 ff.

78 *Hetzer,* ZfZ 2000, 263, 268.

den entgegentreten, denn darin wird eine rein effizienzorientierte sicherheitsstaatliche Perspektive ohne rechtsstaatliche und bürgerrechtliche Rücksichten deutlich.

2. *Das Konzept der Risikostrukturen und die Auflösung des Verdachtsbegriffs als Schwelle investigativer Eingriffe*

Ähnlich verhält es sich mit manchen Begründungen der durch die Geldwäsche-Verlautbarung des BAKred vom 30. März 1998 den Kreditinstituten aufgegebenen Maßnahmen zur „Strukturprävention gegen Geldwäsche".[79] Wenn die gesetzlichen Regelungen des GwG etwa in Publikationen von *Michael Findeisen* als „teilweise sehr sperrig und formalistisch gefasst" bezeichnet werden; einer Verlautbarung die Aufgabe zugewiesen wird, das zu leisten, was der Gesetzgeber nicht berücksichtigt habe, nämlich das „Abwehrdispositiv gegen Geldwäsche einer qualitativen Umorientierung zu unterziehen";[80] und wenn schließlich als Ziel eine „dritte Form" von Präventionsmaßnahmen „jenseits und außerhalb des strafrechtlichen und polizeilichen Ordnungsauftrags" genannt wird,[81] dann bedeutet dies den Abschied von wesentlichen rechtsstaatlichen Begrenzungen für investigative Eingriffe.

Rechtsstaatlich betrachtet sind Gesetze zuweilen auch gerade deswegen „sperrig" und „formalistisch", damit nicht allzu leichtfertig in bürgerliche Freiheitsräume eingegriffen werden kann. Ein vager, auf staatliche bzw. staatlich veranlasste Ermittlungen mit Eingriffscharakter gar nicht passender Begriff wie „Riskmanagement"[82] bedeutet eine „qualitative Umorientierung" von der Sicherung betroffener Bürgerrechte auf die Optimierung staatlicher Ermittlungen in einem ganz technischen, nur an Effizienz orientierten Sinne. Und wenn jenseits der strafrechtlichen Eingriffsschwelle „Verdacht" bzw. der polizeirechtlichen Eingriffsschwelle „Gefahr" operiert werden soll, dann wird diese „dritte Form" von Prävention offenbar als ein mehr oder weniger bürgerrechtsfreier Raum gedacht.

---

79 Abgedruckt bei *Fülbier/Aepfelbach,* (oben Fn. 74), Anhang III. 1.
80 *Findeisen*, WM 1998, 2410, 2411, 2421.
81 So *Findeisen* schon vor der Verlautbarung 1998 in: wistra 1997, 121, 124.
82 So aber *Findeisen,* WM 1998, 2410, 2421: „Umorientierung ... zugunsten der Etablierung von im Riskmanagement üblichen Sicherungssystemen".

3. „Fishing-expeditions" auf dem (Welt-)Meer der Finanztransaktionen

Vielleicht könnte man eine solche Vorgehensweise noch hinnehmen, wenn es tatsächlich nur um „Strukturprävention" gehen würde; wenn also die Erkenntnisse nur dafür gewonnen würden, um die *Strukturen* der Finanzwirtschaft gegen ihren Missbrauch zu schützen. Die Ermittlungen betreffen jedoch letztlich *konkrete Personen*, die durch die bloße Abweichung von durchaus fragwürdigen Parametern des Normalverhaltens bei Finanztransaktionen auffällig werden. Die in der internationalen Diskussion – insbesondere von der USA – angestrebte Optimierung der Aufspürung schmutziger Gelder läuft auf ein EDV-Monitoring des gesamten Finanzverkehrs hinaus.[83] Man wird sich dies wie modernen Fischfang mit großen Netzen vorstellen müssen. Eine große Zahl von unbemakelten Finanztransaktionen und unverdächtigen Personen wird in die Netze geraten, weiteren Informationsverarbeitungsvorgängen unterzogen werden und dann irgendwann als irrelevanter Fang für die Bekämpfung der Geldwäsche und Terrorfinanzierung wieder im Meer landen.

Angesichts der zu erwartenden geringen Trefferquote bei gleichzeitiger massenhafter Inanspruchnahme Unverdächtiger und angesichts der Folgen, die eine derartige Überwachungsstrategie auf das Verhalten der Bürgerinnen und Bürger im Sinne ängstlicher Anpassung an unbekannte Parameter von Normalität haben kann, fällt die Abwägung zwischen der Schwere des Eingriffs und der Dringlichkeit des Interesses an einer solchen Form von Finanzermittlungen eindeutig für den Schutz des Rechts auf informationelle Selbstbestimmung aus.

V. Besonderheiten

Abschließend noch einige Hinweise auf Besonderheiten von Geldwäschebekämpfung und Finanzermittlungen, denen Aufmerksamkeit geschenkt und deren weitere Entwicklung sorgfältig beobachtet werden sollte.

---

83 Vgl. *J.M. Winer,* Globalization, Terrorist Finance and Global Conflict: Time for a White List?, in: *M. Pieth* (Hrsg.), Financing Terrorism, Dordrecht 2002, S. 5 ff.

1. Es scheint einem modernen Verständnis der Kriminalitätsbekämpfung zu entsprechen, dass Staat und Gesellschaft dabei ohne Interessenkonflikte an einem Strang ziehen sollten. Geldwäschebekämpfung – das hat der bisherige Vortrag gezeigt – ist in vielerlei Hinsicht Vorreiter für diesen Paradigmenwechsel im Strafrecht und in der Kriminalpolitik. Und so verwundert es nicht, dass man hier mit einer immer umfassenderen und umstandsloseren Einbeziehung von Privaten in die Strafverfolgung konfrontiert ist. Der Gesetzgeber hat dies „Vorverlagerung staatlicher Strafverfolgung in den privaten Bereich" genannt. Wichtige zu diskutierende Fragen sind, ob das Strafverfolgungsmonopol des Staates nicht grundsätzlich gegen Ermittlungen Privater zur Aufklärung eines Tatverdachts spricht, ob es sich bei der Verdachtsanzeigepflicht nach dem GwG um eine Inpflichtnahme Privater handelt oder ob die Kreditinstitute und andere Finanzdienstleister als Beliehene anzusehen sind, soweit sie Verdachtsschöpfungsaufgaben im Rahmen des EDV-Monitoring wahrnehmen sollen; und wie mit der ambivalenten Situation umzugehen ist, dass Bankmitarbeiter von einem Augenblick zum nächsten aus der Rolle des Aufklärungsgehilfen in die Rolle des Beschuldigten eines Geldwäschestrafverfahrens geraten können, wenn sie nicht die von ihnen erwartete Sorgfalt bei der Aufdeckung von Verdachtsfällen walten lassen.

2. Im Hinblick auf automatisierte Verfahren der Verdachtsschöpfung wie Research, Screening und EDV-Monitoring muss nochmals betont werden, dass es sich dabei der Sache nach um Methoden handelt, die der Rasterfahndung gleichen. Solange diese Profile finanzieller Aktivitäten von Kunden tatsächlich im bankinternen Bereich verbleiben, könnten sie als Datenverarbeitung für eigene Zwecke und als legitime Mittel der eigenen Gefahrenvorsorge angesehen werden. Wird jedoch die Verdachtsmeldepflicht nach § 11 GwG mit der Regelung des § 14 GwG über interne Sicherungsmaßnahmen derart verknüpft, dass Ergebnisse interner Datenanalysen zur Grundlage von Verdachtsanzeigen gemacht werden müssen, dann handelt es sich um Informationseingriffe, die staatlich veranlasst sind, staatlich verwertet werden und deswegen einer speziellen Ermächtigungsgrundlage bedürfen. Den Regelungen der §§ 98 a ff. StPO über die Rasterfahndung sind keine Befugnisse für derartige bankinterne Rasterfahndungsmaßnahmen zu entnehmen und folglich auch keine Grundlagen für die Übermittlung der Daten an die Strafverfolgungsbehörden. Sollte Verdachtsschöpfung durch Rasterfahndung für den Bereich der Geldwäschebekämpfung kriminalpolitisch

erwünscht sein, steht die Debatte darüber, ob dies durch eine rechtsstaatlich einwandfreie und klare Regelung erfolgen kann, also noch aus.

3. Die zunehmende qualitative und quantitative Ausweitung der Möglichkeiten für Informationszugriffe auf Bankkundendaten ist besorgniserregend. Es ist eine Ausweitung hinsichtlich der zugreifenden staatlichen Stellen im nationalen Rahmen und darüber hinaus durch europäische und internationale Zusammenarbeit festzustellen. Das Regelungswerk ist mit seinen zahlreichen Regelungsorten im Straf- und Strafverfahrensrecht, im Recht der Nachrichtendienste, im Steuer- und Wirtschaftsverwaltungsrecht, auf Gesetzes-, Verordnungs- und Verlautbarungsebene und aufgrund einer kafkaesken Verweisungstechnik nur noch schwer überschaubar. Ob sich in diesem Geflecht aus Zuständigkeiten und Befugnissen Wege der Erlangung von Informationen über die finanzielle Privatsphäre von Bürgerinnen und Bürgern noch rekonstruieren, geschweige dann effektiv kontrollieren lassen werden, erscheint fraglich. Angesichts der Übermittlungsmöglichkeiten zwischen Polizeibehörden, Geheimdiensten und im Hinblick auf die problematische Informationsgewinnungs- und Vermittlungsrolle der Finanzdienstleistungsaufsicht ist eine operative Verknüpfung von staatlich veranlassten Informationseingriffen denkbar, die es rechtfertigt, von der Gefahr der gläsernen Konten zu sprechen.

VI. Schlusswort

Wo gläserne Konten drohen, ist das Bankkundengeheimnis in schlechter Verfassung. Im Interesse des Schutzes eines wichtigen bürgerlichen Freiheitsraums ist es geboten, staatlichen und staatlich veranlassten Ermittlungen klare und wirksame Schranken zu setzen. Dies entspricht nicht dem Zeitgeist, aber der guten und richtigen Tradition eines freiheitlichen Rechtsstaates.

Bankgeheimnis und Geldwäsche aus verfassungsrechtlicher Sicht

Professor Dr. Paul Kirchhof, Bundesverfassungsrichter a.D.
Ruprecht-Karls-Universität, Heidelberg

I. Das Anliegen selbstbestimmter Selbstdarstellung

II. Das Grundrecht auf Datenschutz

III. Der Schutz von Wirtschaftsdaten

IV. Der Schutz von Wirtschaftsdaten in einem weltoffenen Finanzmarkt
1. Bestimmtheit des Gesetzes
2. Unausweichlichkeit der Last
3. Verlässliche Sachverhaltserfassung
4. Gemeinsamkeit von Grundwertungen

V. Geld als Freiheitsvoraussetzung und als Risikofaktor

VI. Grenzen der Verwaltungshilfe
1. Klarer Auftrag
2. Qualifikation zur Verwaltungshilfe
3. Vereinbarkeit mit dem Erstauftrag des Verwaltungshelfers
4. Kosten

I. Das Anliegen selbstbestimmter Selbstdarstellung

Der Mensch will sich dem Staat, der Öffentlichkeit, dem Nachbarn so zeigen, wie es ihm beliebt. Er will sich bekleiden, gelegentlich auch verkleiden. Die Vertraulichkeit von Wort und Schrift schafft vielfach erst die Voraussetzung, sich zu äußern. Das höchstpersönliche Geheimnis gibt Sicherheit, auch Überlegenheit. Intimität ist auch das Nichtwissen des anderen.

Wird der Mitmensch zum Mitbewerber und Konkurrenten, müssen Geschäftsgeheimnisse geschützt, Verschwiegenheitspflichten gewahrt, Akten geschlossen bleiben. Die Unterscheidung zwischen Privatem und Verallgemeinertem, zwischen dem vertraulichen und dem veröffentlichten Vorgang, zwischen Eigenbereich und Allgemeinzugänglichkeit wird zu einem strukturgebenden Prinzip für Staatlichkeit und Wirtschaftsleben. Ein alles beobachtender, alles wissender Staat hätte den Hang zum Totalitären. Andererseits bauen Demokratie und Rechtsstaatlichkeit auf den öffentlichen Gedanken- und Meinungsaustausch, der in Erörterung und Entgegensetzung Irrtümer berichtigt, die eigene Meinung im Vergleich mit anderen verbessert und vervollständigt, in Widerspruch und Kritik die Wahrheit herausfordert, durch verständige Erwägungen die schlechtere Lösung durch eine bessere ersetzt.

Deswegen gehören zur Staatsverfassung einerseits ein Recht auf Privatsphäre, der Schutz von Ehe und Familie, ein Berufsgeheimnis, die Unverletzlichkeit der eigenen Wohnung, das Brief-, Post- und Fernmeldegeheimnis, ein Amtsgeheimnis, Aussageverweigerungs- und sonstige Mitwirkungsrechte. Andererseits ist die Öffentlichkeit des parlamentarischen Verfahrens, die Transparenz staatlicher Willensbildung, der wissende Staat und der informierte Bürger Inhalt und Grundlage derselben Verfassung.

Vielfach gelingt die mitmenschliche Begegnung nur, weil der Freiheitsberechtigte bewusst und bedacht über sein Wissen disponiert. Die Diplomatie nimmt ein Blatt vor den Mund. Der Arzt entfaltet eine Kunst der schonenden Information. Verhüllende Euphemismen gehören zum „guten" Ton. Diskretion gilt vielfach als „Ehrensache". Die Kunst gewinnt ihre Aussagekraft und ihre Formensprache, wenn sie die Wirklichkeit nur in einem Teil abbildet, sie vergröbert, bündelt, karikiert, das Gesicht eines Menschen teilweise ins Licht, teilweise in den Schatten stellt. Die Freiheit zu Forschung und Lehre gibt auch das Recht, über die Publikationsreife von Fragen und Antworten eigenverantwortlich zu entscheiden. Das Erziehungsrecht weist den Eltern die Aufgabe zu, das Kind behutsam in eine Welt des immer mehr Wissens einzuführen.

Das menschliche Gedächtnis befähigt uns, Erfahrung und Wissen zu bewahren und an die nächste Generation weiterzugeben, begründet aber auch die Kraft des Vergessens, die das individuelle und das Gemeinschaftsbewusstsein von Erinnerungen, Ängsten und Schreckensvorstellungen entlastet. Das Recht macht sich diese Fähigkeit zunutze: Die Verfassung als das Gedächtnis der Demokratie sucht erprobte Werte, bewährte Institutionen und politische Erfahrung rechtsverbindlich an die Gegenwart und Zukunft weiterzugeben. Das Bundeszentralregistergesetz[1] verpflichtet den Staat demgegen-

1 BGBl 1971, 243 (ausgefertigt am 18. März 1971).

über, Straftat und Strafwürdigkeit eines Menschen nach Verbüßung der Strafe und Ablauf einer gewissen Zeit von Amts wegen zu vergessen, um diesem Menschen die Rückkehr in die Normalität zu erleichtern.

Diese Fähigkeiten zum Erinnern und zum Vergessen sind durch die Technik moderner Computer wesentlich verändert worden. Wir können heute alles einmal verfügbar gewesene Wissen speichern, jederzeit abrufbar machen, gewinnen dadurch faszinierende Möglichkeiten für Wissen und Wissenschaft, verlieren andererseits die Kraft zum Vergessen. Auch hier wird die Rechtsordnung eine Linie zwischen planmäßigem Erheben und Erfassen von Wissen und rechtlich gebotenem Nichtwissen, zwischen dem Speichern und dem Löschen von Daten, zwischen staatlichem und privatem Wissen, zwischen hoheitlichem Informationseingriff und freiheitlicher Selbstbestimmung über die Daten suchen müssen.

II. Das Grundrecht auf Datenschutz

Das traditionelle Verfassungsrecht enthält ausdrücklich Datenschutzbestimmungen in der Regel nur bei dem Recht zur geheimen Wahl (Art. 38 Abs. 1 Satz 1 GG) und bei dem Recht, seine religiöse Überzeugung nicht zu offenbaren (Art. 114 GG i.V.m. Art. 136 Abs. 3 WRV). Darüber hinausgreifend hat sich inzwischen aber in den Landesverfassungen, im Europarecht und insbesondere durch die Rechtsprechung des Bundesverfassungsgerichts ein Grundrecht auf Datenschutz entwickelt, das die Selbstbestimmung über Persönlichkeits- und Lebensdaten zum Kernbereich individueller Würde und Freiheit rechnet: Bereits im Mikrozensus-Urteil (1969)[2] sagt das Gericht, es sei mit der Menschenwürde nicht zu vereinbaren, wenn der Staat das Recht für sich in Anspruch nehmen könnte, dem Menschen zwangsweise in seiner ganzen Persönlichkeit zu registrieren und zu katalogisieren. In einer kontinuierlichen Fortbildung dieser Rechtsprechung[3] leitet es ein Grundrecht auf

2 BVerfGE 27, S. 1 (5 f.)

3 BVerfGE 27, S. 344 (350 f.) – Scheidungsakten –; 32, S. 373 (379) – Arztkartei –; 34, S. 238 (246 f.) – Heimliche Tonbandaufnahmen –; 35, S. 302 (320 f.) – Lebach –; 44, S. 353 (372 f.) – Suchtkrankenberatungsstelle –; 54, 148 (155) – Eppler –; 56, S. 37 (41 ff.) – Selbstbezichtigung –; 63, S. 131 (142 f.) – Gegendarstellung –; 65, S. 1 (38 f.) – Volkszählungsurteil –; 67, S. 100 (142 f.)

Datenschutz[4] – anfangs noch als Recht auf „Informationelle Selbstbestimmung" bezeichnet[5] – aus der Garantie der unverletzlichen Menschenwürde (Art. 1 Abs. 1 GG) in Verbindung mit dem allgemeinen Persönlichkeitsrecht (Art. 2 Abs. 2 GG) ab: Wenn der Bürger nicht mehr wissen könne „wer was wann und bei welcher Gelegenheit" über ihn wisse, werde er unsicher, ob seine Verhaltensweise jederzeit notiert, insbesondere Sonderverhalten registriert und als Information dauerhaft gespeichert, verwendet und weitergegeben werde. Dadurch könne der Wille zur Selbstbestimmung, die Inanspruchnahme von Grundrechten, z. B. der Versammlungs- und Vereinigungsfreiheit, geschwächt, die verfassungsrechtliche Grundlage unserer Gesellschafts- und Rechtsordnung gestört werden. Die freie Entfaltung der Persönlichkeit setzt unter den modernen Bedingungen der Datenverarbeitung den Schutz des Einzelnen gegen unbegrenzte Erhebung, Speicherung, Verwendung und Weitergabe seiner persönlichen Daten voraus.

Der Schutz dieses Grundrechts unterscheidet individualisierbare und anonymisierte statistische Daten. Dabei kann allerdings auch die anonymisierte Erhebung von statistischen Daten eine Individualisierung ermöglichen und für den Betroffenen „die Gefahr der sozialen Abstempelung (z.B. als Drogensüchtiger, Vorbestrafter, Geisteskranker, Asozialer)", der „sozialen Etikettierung" begründen.[6] Bei den personenbezogenen Daten ist wiederum zu unterscheiden zwischen den Daten der Privat- und Intimsphäre und den Vorgängen, die der Berechtigte freiwillig der Öffentlichkeit zugänglich gemacht hat. Wenn der Inhaber seiner Wohnung, die nach Art. 13 Abs. 1 GG als räumlicher Bereich der Privatsphäre besonders gegen staatliches Beobachten und Betreten abgeschirmt ist, zu Geschäftsräumen macht, entlässt er sie damit in gewissem Umfang aus der privaten Intimsphäre, widmet seine Wohnung einer größeren Offenheit „nach außen"[7] und öffnet sie, wenn er seine Geschäftsbücher und Akten im Schlafzimmer aufbewahrt, auch für das Auskunfts- und Betretungsrecht staatlicher Überwachungsorgane. Hat ein Verdächtiger, den die Staatsanwaltschaft eines Sittlichkeitsmordes beschuldigt,

– Flick-Ausschuss –; 80, S. 367 (373 f.) – Tagebuch –; 84, S. 239 (278 ff.) – Zinsurteil –.

4 BVerfGE 67, S. 100 (142 f.).

5 BVerfGE 65, S. 1 (38 f.).

6 BVerfGE 65, S. 1 (38 f.)

7 BVerfGE 32, S. 54 (74 ff.) – Schnellreinigung –.

vor der Tat eine im inneren Zwang entwickelte Tatvorstellung in seinem Tagebuch – als, wie er sagt, „Beichte an sich selbst“ – niedergeschrieben, hat er „sie damit aus dem von ihm beherrschbaren Innenbereich entlassen und der Gefahr eines Zugriffs preisgegeben“.[8] Greift der Inhalt solcher Aufzeichnungen über die Rechtsphäre des Verfassers hinaus und berührt er Belange der Allgemeinheit nachdrücklich, ist ein staatlicher Informationseingriff nicht ausgeschlossen.

Deshalb muss der Einzelne eine Einschränkung seines Grundrechts auf Datenschutz im Allgemeininteresse hinnehmen. Einschränkungsvoraussetzungen sind entweder die Einwilligung der Betroffenen oder eine gesetzliche Ermächtigung, die den Verwendungszweck der Datenerhebung und Datenverwendung bereichsspezifisch und präzise bestimmt, die für diese Zwecke geforderten Angaben auf die geeigneten und erforderlichen begrenzt, die automatisierte Datenverarbeitung „amtshilfefest“ gegen Zweckentfremdung durch Weitergabe- und Verwertungsverbote abschirmt, die Zumutbarkeitsgrenze insbesondere bei intimen Angaben oder bei Selbstbezichtigungen beachtet, schließlich einen unabhängigen Datenschutzbeauftragten schafft, der die unzulänglichen Beobachtungs- und Kontrollmöglichkeiten des Bürgers ausgleichen und einen vorgezogenen Schutz bieten kann.

III. Der Schutz von Wirtschaftsdaten

In diesem System eines Grundrechts auf Datenschutz gehören die Wirtschaftsdaten ersichtlich in den Bereich, in dem der Berechtigte um des Erwerbs willen die Begegnung mit anderen, den Markt, den Austausch sucht. Marktoffenbare Vorgänge öffnen sich zumindest dem Geschäftspartner und damit auch der für diesen Geschäftsvorgang notwendigen staatlichen Kontrolle, etwa der Gewerbe-, Banken-, Versicherungs- und Steueraufsicht. Auch für die wirtschaftlichen Daten gilt aber der grundrechtliche Datenschutz, der hier nicht nur auf Art. 2 Abs. 1 in Verbindung mit Art. 1 Abs. 1 GG, sondern auch auf die Eigentumsgarantie des Art. 14 GG gestützt wird. Der Eigentümer ist für die sein Eigentum betreffenden Daten gegen unbegrenzte Erhebung, Speicherung, Verwendung oder Weitergabe individualisierter oder individualisierbarer Daten geschützt.

8 BVerfGE 80, S. 367 (376) – Tagebuch –.

Allerdings hat das Bundesverfassungsgericht im Zinsurteil ausdrücklich offen gelassen, ob der Informationszugriff auf privates Finanzkapital und seine Erträge als Vorgang des marktoffenbaren Erwerbs ohne besonderen persönlichkeitsgeprägten Gehalt überhaupt vom Gewährleistungsinhalt des verfassungsrechtlichen Datenschutzes erfasst werde. Jedenfalls rechtfertige das überwiegende Allgemeininteresse an der Offenlegung steuerlich erheblicher Angaben diesen Informationseingriff und beschränke insoweit das Grundrecht auf Datenschutz. Der Steuerpflichtige nehme am staatlichen Leben teil, beanspruche insbesondere Schutz, Ordnung und Leistungen der staatlichen Gemeinschaft, müsse deshalb auch einen Anteil an den finanziellen Lasten des staatlichen Lebens tragen. Die Bemessung dieses Steueranspruchs erfordere die Angaben von Daten, die erst eine gleiche Besteuerung ermöglichten. Insoweit rechtfertigten sich Offenbarungspflichten des Steuerpflichtigen. Gegenstück dieser Offenbarungspflicht sei das Steuergeheimnis, das dem privaten Geheimhaltungsinteresse des Steuerpflichtigen diene und von Verfassungs wegen erforderlich sei.

Im Flick-Untersuchungsausschuss-Urteil hebt das Bundesverfassungsgericht hervor, dass das Recht auf Wahrung des Steuergeheimnisses (§ 30 AO) als solches kein Grundrecht sei, die Geheimhaltung bestimmter steuerlicher Angaben und Verhältnisse indessen durch die grundrechtlichen Verbürgungen der Art. 1, 2 und 14 GG geboten sein können. Die steuerlich gebotenen Angaben ermöglichten weitreichende Einblicke in die beruflichen, betrieblichen, unternehmerischen und sonstigen wirtschaftlichen Verhältnisse, vermittelten dem Berechtigten „ein Wissen außerordentlichen Ausmaßes über die Betroffenen, das unter den gegenwärtigen Lebensverhältnissen entsprechend in Macht über die Betroffenen umschlagen kann“.

Wichtigstes Mäßigungsinstrument für diesen Steuereingriff – dort in seiner Weitergabe an einen parlamentarischen Untersuchungsausschuss – ist wiederum die gesetzliche Bestimmtheit des Eingriffszwecks, seine bereichsspezifische Bindung, der Schutz der Daten unter der Glocke des Steuergeheimnisses sowie die Geeignetheit, Erforderlichkeit und Angemessenheit des Informationseingriffes.

Diese Grundsätze gelten insbesondere für das Bankgeheimnis. Das Bundesverfassungsgericht hatte sich im Zinsurteil mit der Frage auseinanderzusetzen, ob die Besteuerungsgleichheit gewahrt ist, wenn die Einkommensteuer sich auf die Erklärungen des Steuerpflichtigen stützt, zugleich aber durch den damaligen Bankenerlass oder heute durch § 30 a AO ausschließt, dass die Erklärungen des Steuerpflichtigen hinreichend überprüft werden. Im Ergebnis hat das Gericht einen Gleichheitsverstoß wegen eines strukturellen Erhebungsdefizits festgestellt, wenn eine Besteuerung nach dem Deklarationsprinzip nicht durch ein Verifikationsprinzip ergänzt wird. Die Verpflichtung der Finanzbehörden, auf das Vertrauensverhältnis zwischen den Kreditinstituten und deren Kunden besonders Rücksicht zu nehmen, schaffe „ein Klima der Zurückhaltung und des Zögerns, das eine zuverlässige Ermittlung der Kapitaleinkünfte prinzipiell verhindert“. Das Verbot der Kontrollmitteilungen schirme den Bankkunden vor Ermittlungen der Steuerbehörden ab und enthebe dadurch die Bezieher von Kapitalerträgen „weitgehend des Risikos, bei der Steuerverkürzung entdeckt zu werden“. Diese Beschränkungen der Steuerermittlungen seien nicht etwa verfassungsrechtlich geboten. Vielmehr seien steuerliche Kontrollmitteilungen und Auskunftspflichten mit den Grundrechten der Banken und der Bankkunden vereinbar. Das Gericht nennt als Wege zu einer gleichheitskonformen Besteuerung ausdrücklich – neben den Kontrollmitteilungen – auch die Quellenbesteuerung mit einer Definitivsteuer, die in einem linearen Satz den absetzbaren Aufwand und den Progressionssatz in Durchschnittswerten typisiert.

IV. Der Schutz von Wirtschaftsdaten in einem weltoffenen Finanzmarkt

Das Zinsurteil macht somit bewusst, dass die Gleichheit vor dem Gesetz nur gewahrt werden kann, wenn das Gesetz verlässlich und kontrolliert vollzogen werden kann. Diese Vollzugsfähigkeit eines Gesetzes hat vier Voraussetzungen:

1. Bestimmtheit des Gesetzes

Das Gesetz muss hinreichend bestimmt sein, um dem Gesetzesbetroffenen und der Behörde eine klare Handlungsmaxime vorzugeben. Hätten wir 1984 nicht die Steuertatbestände der „volkswirtschaftlich besonders förderungswürdigen“ Kapitalverlagerung (§ 6b EStG), der Eignung, „die Unternehmensstruktur eines Wirtschaftszweiges zu verbessern“, (§ 6b EStG) oder „einer verstärkten weltwirtschaftlichen Verflechtung zu dienen“, (§ 4 Auslandsinvestitionsgesetz) gehabt, so wäre das damals von den Strafgerichten und vom Flick-Untersuchungsausschuss zu würdigende Problem nie entstanden.

Ähnliche Fragen ergeben sich gegenwärtig aus der Mindestbesteuerung des § 2 Abs. 3 EStG, der Besteuerung der Einkünfte aus Kapitalvermögen in ihren unterschiedlichen Qualifikationen und Herkunftsländern, der Besteuerung der „Riester-Rente“ oder des Eigenheimbaus.

2. *Unausweichlichkeit der Last*

Sodann muss der Gesetzesvollzug in Maßstab und Verfahren so ausgestattet werden, dass das Gesetz verlässlich und unausweichlich vollzogen werden kann. Der gegenwärtige Notstand in der Besteuerung der Einkünfte aus Kapitalvermögen hat seinen Ursprung in den Regelungen der Abgabenordnung, nach denen die Einkommensbesteuerung sich auf die Erklärung des Einkommensteuerpflichtigen stützt, der – naturgemäß steuerunwillige – Pflichtige aber im Schutz des Bankgeheimnisses die Sicherheit zu gewinnen glaubt, in seinen Erklärungen nicht kontrolliert werden zu können. Wenn gegenwärtig eine beachtliche Zahl von wirtschaftlich Erfolgreichen sich für die Besteuerung ihrer Kapitaleinkünfte auf die Illegalität eingelassen haben, ist dies ein schwerer Schaden für den Rechtsstaat. Die Gleichheit des Gesetzesvollzugs ist nicht gewährleistet. Zugleich wächst die Gefahr des Steuerübermaßes, weil andere den durch Steuerhinterziehung erlittenen Aufkommensverlust ausgleichen müssen. Vor allem aber verliert der freiheitliche Bürger, der etwas zu verbergen hat, Selbstsicherheit und Bürgerstolz, um seine Grundrechte gegenüber den Finanzbehörden entschieden durchzusetzen. Die Erfahrungen der Außenprüfungen lehren, dass ein Steuerpflichtiger durchaus bereit ist, eine weitere Forderung in die Streitmasse einzubeziehen, um den Betriebsprüfer nur bald zum Verlassen seines Betriebes zu drängen. In diesen Grauzonen des Rechts ist die Unausweichlichkeit der Steuerlast durch verlässlichen Gesetzesvollzug und durch Rückführung des zivilrechtlichen Vertrages auf seine Funktionen – die freie Verfügung über Eigenes, nicht die Begründung steuerlicher Belastungsunterschiede – wieder herzustellen.

3. Verlässliche Sachverhaltserfassung

Als drittes Erfordernis eines gleichmäßigen Gesetzesvollzugs muss der Rechtsstaat darauf bedacht sein, die gesetzeserheblichen Sachverhalte ermitteln und individueller Verantwortlichkeit zurechnen zu können. Soweit ein Sachverhalt tatbestandserheblich ist, muss er festgestellt werden können. Diese Voraussetzungen sind heute im Glück der weltoffenen Märkte, der weltweit tätigen Wirtschaftsunternehmen, der globalisierten Wirtschaftsbeziehungen oft nicht mehr gegeben. Mit der Offenheit der Grenzen kann der Staat nicht mehr an seinen Außengrenzen die Kriminalität abwehren, muss deswegen die Kontrolle in die Geschäftsvorgänge nach innen verlegen.

Der Gesetzesunterworfene gewinnt vielfach die Möglichkeit, durch Verlegung seines Sitzes oder seiner Geschäftsleitung sich dem Regime einer Rechtsordnung zu entziehen und der eines anderen Staates zu unterwerfen. So entsteht das Phänomen des „Steuerwettbewerbs", dem die Europäische Union mit der Richtlinie gegen den unfairen Wettbewerb[9] gegenzusteuern sucht, der aber letztlich den sympathischen Gedanken des Wettbewerbs überhaupt nicht trifft, weil das Ziel dieser Auswahl unter den Rechtsverordnungen verschiedener Staaten – die Verringerung des staatlichen Steueraufkommens – für sich genommen und anders als die im Marktwettbewerb herzustellende wirtschaftliche Prosperität nicht anerkennenswert ist, der andere Staat auch nicht aus dem „Wettbewerb" verdrängt oder gar in die Insolvenz getrieben werden darf, ein abgestimmtes – europäisches – Steuerverhalten der einzelnen Staaten auch kein wettbewerbs- oder kartellrechtliches Problem begründen würde, vor allem aber der „Nachfrager" – der Steuerpflichtige – nicht durch Nichtnachfrage aus dem Markt ausscheiden und die Steuerzahlung gänzlich verweigern dürfte.

Der staatliche Gesetzesvollzug ist auch durch die Anonymisierung des Finanzkapitals wesentlich erschwert worden. Das verfassungsrechtliche Modell des Privateigentümers handelt von dem Unternehmer, der mit seinem Namen und seinem Vermögen den Einsatz seiner Kapitalkraft verantwortet, also höchstpersönlich für das gerade steht, was mit seiner Finanzmacht bewirkt worden ist. Das moderne Finanzkapital hingegen eilt in Sekunden-

---

9 Schlussfolgerungen des Rates „Wirtschafts- und Finanzfragen" vom 1. Dezember 1997 zur Steuerpolitik, ABl. EG 98 Nr. C 2, S. 1.

schnelle um den Erdball, platziert sich im kurzfristigen Wechsel jeweils dort, wo die größte Rendite zu erwarten ist, ohne dass der Kapitalgeber verantworten würde, ob mit seinem Geld Waffen oder Arzneimittel produziert werden. Wenn sodann die Banken ebenfalls eher anonyme Großkapitalgesellschaften sind, die über Nischen eines kaum beobachteten und kontrollierten Geschäftsvorgangs verfügen, so entwickelt sich ein Finanzmarkt, der erhebliche Kapitalmacht entfaltet, die Ursprünge und Wirkungen dieses Machteinsatzes aber kaum verantwortet.

4. Gemeinsamkeit von Grundwertungen

Diese Entwicklung anonymer und globalisierter Finanzmärkte trifft nunmehr auf den Verlust einer Wertegemeinschaft, die bisher als Grundbedingung des Wirtschaftens jedenfalls eine Autorität des Rechts anerkannte, die zumindest im Respekt vor den rechtlichen Sanktionen die rechtliche Rahmenordnung des Marktes als notwendig und unverzichtbar anerkannte. Seit dem 11. September 2001 und in vielen Einzelfällen danach haben wir jedoch erlebt, dass Menschen um des Angriffs auf Rechtsgüter willen zur Selbstaufgabe bereit sind, der Suizidbereite aber in seinem Verhalten durch rechtliche Pflichten und rechtliche Sanktionen – selbst durch die Androhung einer Todesstrafe – nicht mehr beeinflusst werden kann. Wir stehen also vor dem rechtlichen Fundamentalbefund, dass wir die Voraussetzungen des Rechts, damit einer Friedensordnung und auf dieser Grundlage einer Vertragspartnerschaft und eines Wettbewerbs wieder neu schaffen müssen.

V. Geld als Freiheitsvoraussetzung und als Risikofaktor

Geld ist geprägte Freiheit,[10] ist eine Blankettbefähigung zu beliebigem finanzwirtschaftlichem Handeln, solange das Banken- und Währungssystem das Einlösungsvertrauen des Geldeigentümers rechtfertigt. Im Geldeigentum gewinnt der moderne Mensch den Ertrag seiner Arbeit und seines Kapitaleinsatzes; er kann in Geld zukünftige Kauf- und Nachfragekraft aufbewahren, er kann mit seinem Geld Güter und Dienstleistungen erwerben, das Verhalten

10 BVerfGE 97, S. 350 (370) – Euro –.

anderer lenken, Einflusssphären und Wirkungseinheiten organisieren. Das Geldeigentum ist gegenwärtig die wichtigste Grundlage individueller Freiheit, die dem Eigentümer einen Freiraum im vermögensrechtlichen Bereich sichert und ihm dadurch eine eigenverantwortliche Gestaltung seines Lebens ermöglicht.[11]

Andererseits kann das Geld auch Ergebnis von Kriminalität und Ausbeutung, ebenso Instrument für Kriminalität und Terrorismus sein. Die Rechtsordnung muss deshalb das Geld als geprägte Freiheit zur Entfaltung bringen, als Kriminalitätsbasis hingegen austrocknen. Dementsprechend bemühen sich die Gesetze gegen die Geldwäsche und gegen die Finanzierung des Terrorismus um Rechtsmaßstäbe und Verfahren, die das Geld als Freiheitsinstrument stärken, als Basis für Verbrechen hingegen zurückdrängen. „Der Entzug der finanziellen Basis ist der entscheidende Faktor in der Terrorismusbekämpfung“.[12]

In einem freiheitlichen Staat liegt das Geldgeschäft bei den privaten, nichtstaatlichen Banken. Deswegen muss der Staat, der Recht, Frieden und freiheitliche Marktbedingungen garantiert, die Sachverhalte kennen, in denen der Terrorismus und die organisierte Kriminalität eine finanzielle Basis gewinnen. Die freiheitliche Ordnung hat zur Folge, dass auch die privaten Banken in die Bekämpfung des Unrechts einbezogen werden, sie dort also eine Mitverantwortung übernehmen müssen. Diese Zusammenarbeit von öffentlicher und privater Hand ist geläufig. Die steuerrechtlichen Erklärungspflichten, die Auskunfts- und Mitteilungspflichten, Kontrollmitteilungen und Quellenabzug bieten Beispiele. Die Besonderheit der Gesetze gegen die Geldwäsche und gegen die Finanzierung des Terrorismus liegt in der Größe der Aufgabe, Fundamentalunrecht zu bekämpfen, damit aber auch in dem Auftrag, in der gewaltigen Aufgabe die Kultur des Maßes nicht zu verlieren. Der Bankier ist privatwirtschaftlich tätiger Grundrechtsträger, nicht Hilfsbeamter der Staatsanwaltschaft; er dient den Interessen seines Kunden, weniger denen des Staates; er verspricht Vertraulichkeit, ist deshalb grundsätzlich am Offenbaren seiner Kenntnisse gehindert, verfügt aber als Einziger ver-

11 BVerfGE 97, S. 350 (371).

12 *Otto Schily*, Gesetze gegen die Geldwäsche und gegen die Finanzierung des Terrorismus – eine stille Verfassungsreform?, WM – Wertpapiermitteilungen, Zeitschrift für Wirtschafts- und Bankrecht, Heft 26, 2003, S. 1249.

lässlich über die Informationen, die zur Abwehr einer fundamentalen Bedrohung von Staat, Recht und freiem Wirtschaften notwendig sind.

VI. Grenzen der Verwaltungshilfe

Wenn der Staat einerseits den Tatbestand der im Ursprung und Ziel illegalen Geldtransfers wie auch der Steuerhinterziehung ermitteln muss, diese Transfers sich andererseits in privaten Unternehmen ereignen, bleiben ihm nur zwei vorbeugende Handlungsmöglichkeiten: Entweder er verpflichtet die private Hand zur Verwaltungshilfe oder er beobachtet und kontrolliert eigenhändig im privaten Unternehmen. Bei dieser Alternative ist das Instrument der Verwaltungshilfe vorzuziehen, weil sie das Wissen und die Organisationskraft der Bank für die Unrechtsbekämpfung erschließt und nicht Staat und Privatunternehmen in einen Gegensatz bringt.

Für die private Verwaltungshilfe[13] gelten allerdings vier rechtsstaatliche Voraussetzungen: Der gesetzliche Auftrag an die private Hand muss klar und maßvoll definiert sein. Der Beauftragte muss nach der Qualifikation seines Personals und den technischen Vorkehrungen für die Verwaltungshilfe geeignet sein. Die Verwaltungshilfe darf nicht den primären Auftrag des Verwaltungshelfers, hier sein Bankgeschäft und die Vertrauenspartnerschaft zum Bankkunden, gefährden. Die Kosten der Verwaltungshilfe müssen niedrig gehalten, fachgerecht bemessen und privater oder öffentlicher Hand zugeteilt werden.

---

13 Die Staatsrechtslehrervereinigung hat sich in den letzten dreißig Jahren fünfmal der Abgrenzung zwischen Staatsverwaltung und privatem Handeln gewidmet, *Ossenbühl/Gallwas*, Die Erfüllung von Verwaltungsaufgaben durch Private, VVDStRL 29, 1971, S. 137 f., 211 f.; *Burmeister/Krebs/Autexier/Hengstschläger/Schweizer*, Verträge und Absprachen zwischen der Verwaltung und Privaten, VVDStRL 52, 1993, S. 190 f., 281 f., 285 f., 298 f., 314 f.; *Hengstschläger/Osterloh/Bauer/Jaag*, Privatisierung von Verwaltungsaufgaben, VVDStRL 54, 1995, S. 165 f., S. 204 f.; *Schmidt-Preuß/Di Fabio*, Verwaltung und Verwaltungsrecht zwischen gesellschaftlicher Selbstregulierung und staatlicher Steuerung, VVDStRL 56, 1997, S. 160 f., 235 f.; *Heintzen/Vosskuhle*, Beteiligung Privater an der Wahrnehmung öffentlicher Aufgaben und staatlicher Verantwortung, VVDStRL 62, 2002, 220 f., 266 f.

1. Klarer Auftrag

Die Voraussetzungen eines klaren, vollzugsfähigen Auftrags zur Verwaltungshilfe sind nicht erfüllt, wenn die Banken im Rahmen der Geldwäscheprävention und bei Erfüllung ihrer Verdachtsanzeigepflicht nach § 11 GwG den Zahlungsverkehr des Kunden daraufhin zu überwachen haben, ob sich aus seinen Transaktionen Anhaltspunkte für eine gewerbs- oder bandenmäßige Steuerhinterziehung in großem Ausmaß ergeben. Wenn der Verbrechenstatbestand der banden- oder gewerbsmäßigen Steuerhinterziehung in großem Ausmaß gemäß § 370 a AO nach § 261 Abs. 1 Satz 2 Nr. 1 StGB stets Vortat der Geldwäsche ist, werden dem Bankmitarbeiter juristische Qualifikationen und tatsächliche Feststellungen zugemutet, die er im Massengeschäft des Alltags – auch in der Sonderfunktion des Geldwäschebeauftragten – kaum erfüllen kann. Man fühlt sich an polizeiliche Ermächtigungen erinnert, die den gezielten Todesschuss von der Qualifikation des Angriffs als Verbrechen abhängig machten und damit den polizeilichen Schützen völlig überforderten.

2. Qualifikation zur Verwaltungshilfe

Die Verdachtsanzeige (§ 11 GwG) verpflichtet die Banken, Sparkassen und Finanzdienstleister zu einer freiwilligen Anzeige, die zugleich die Straffreiheit nach § 261 Abs. 9 StGB für den Anzeigenden und die Mitarbeiter des Instituts sichern soll. Wird diese Verdachtsanzeige als Strafanzeige im Sinne des § 158 StPO gedeutet, müsste geprüft werden, ob die Schwelle des Anfangsverdachts im Sinne des § 152 StPO erreicht oder überschritten ist. Damit würde die Prüfung und Feststellung, ob ein Anfangsverdacht vorliegt, bei privaten Bankinstituten, nicht bei der Staatsanwaltschaft liegen. Dieses Erfordernis trifft aber Bankbedienstete, die ihrer Ausbildung nach für derartige strafrechtliche, strafprozessuale und kriminalistische Feststellungen und Differenzierungen nicht ausgebildet und nicht geeignet sind. Sie sind geschult, bank- und finanztechnische Besonderheiten zu erkennen und festzustellen, können diese dann der Staatsanwaltschaft berichten, um dieser eine Prüfung des Anfangsverdachts zu ermöglichen. Als Auftrag für einen Bankmitarbeiter aber ist die Feststellung des Anfangsverdachts ein kaum erfüllbarer Auftrag, der die Fachqualifikation des Verwaltungshelfers übersteigt.

Die Eignung und Erforderlichkeit ist auch für technische Vorkehrungen zu prüfen, wenn der automatisierte Abruf von Kosteninformationen gemäß § 24 c Kreditwesengesetz die Institute zu einer zusätzlich aufwändigen elektronischen Aufarbeitung und Bereitstellung der Kontendaten verpflichtet oder wenn die inneren geschäfts- und kundenbezogenen Sicherungssysteme gegen Geldwäsche und gegen betrügerische Handlungen nach § 25 a Kreditwesengesetz besondere aufbau- und ablauforganisatorische Vorkehrungen fordern.

Hier stellt sich die Frage, ob diese Mitwirkung bei der Terrorismusabwehr und Verbrechensbekämpfung eine eigene Aufgabe des Bankinstitutes erfüllt oder aber eine Verwaltungsleistung im Dienste einer eigentlich staatlichen Aufgabe erbringt. Selbstverständlich gehört es zu den Aufgaben einer Bank, nur an legalen Geldtransfers mitzuwirken und die Teilhabe an der Illegalität zu unterlassen. Die Anforderungen der Geldwäschegesetze greifen jedoch über dieses Legalitätsprinzip hinaus und verpflichten die Institute, sich auf der Grundlage von Identifizierungs-, Aufzeichnungs- und Aufbewahrungspflichten über Sachverhalte zu vergewissern. Das Bankinstitut überwacht also nicht nur die Legalität seines eigenen Handelns im Rahmen der geschäftsüblichen Erkennbarkeit, sondern wird zu Beobachtungen, Ermittlungen und Feststellungen verpflichtet, die besondere Anstrengungen und Vorkehrungen zu präventiven, nicht geschäftsüblichen Feststellungen erfordern.

Eine derartige Verwaltungshilfe lässt sich nur rechtfertigen, wenn die besondere Gefahrgeneigtheit im Bankgeschäft des modernen – globalisierten und anonymisierten – Finanzmarkts angelegt ist. Sollte das Bankenwesen mit seinen internationalen, anonymen, sekundenschnellen Transfers als Bedingung gewinnbringender Bankengeschäfte zugleich den Terrorismus, die organisierte Kriminalität und die banden- oder gewerbsmäßige Steuerhinterziehung in großem Ausmaß erleichtern, käme eine Sozialpflichtigkeit von Berufs- und Eigentümerfreiheit der Banken in Betracht, die diese Nebenwirkungen ihrer Geschäftszweige auszugrenzen und abzuwehren und dementsprechend ihr Personal zu qualifizieren und ihre Technik auszugestatten hätten.

Bei der Antwort dieser Frage ist wiederum mehr das rechtliche Maß als das klare Ja und Nein gefragt. Wenn der Gesetzgeber 1998 den Schwellenwert bei Bartransaktionen von damals 20.000 DM auf 30.000 DM erhöht hat, die Pflichten im grenzüberschreitenden bargeldlosen Zahlungsverkehr auf Auslandsüberweisungen außerhalb der Europäischen Union beschränkt worden ist, zudem bei der Verfolgung der so genannten „Papierspur" die Ermittlungslast auf Name und Kontonummer des Überweisenden begrenzt wird, so scheint hier ein gangbarer Weg beschritten zu sein. Erinnert man sich zudem an die Reform des Asylrechts (Art. 16 a GG), das die Rechtsfigur des sicheren Herkunftsstaates und des sicheren Drittstaates in die Verfassung eingeführt hat, so könnten die Anzeige- und Mitwirkungslasten auch dadurch beschränkt werden, dass die Risikolage für bestimmte Länder, bestimmte Bankinstitute oder auch für bestimmte Wirtschaftsvorgänge staatlich definiert wird. Jedenfalls müssen die Maßstäbe für die Entscheidung, was anzuzeigen ist, durch den Staat gesetzt und verantwortet werden.

3. Vereinbarkeit mit dem Erstauftrag des Verwaltungshelfers

Sodann ist die Verwaltungshilfe so auszugestalten, dass sie dem Verwaltungshelfer nicht die Wahrnehmung seiner Aufgaben und Geschäfte wesentlich erschwert oder unmöglich macht. Auch dieses Erfordernis ist nicht leichter Hand mit dem Hinweis zu erledigen, dass bei rechtswidrigen Transfers der Kunde und Geschäftspartner keinen rechtlichen Schutz verdiene. Bei den Verdachtsanzeigen wird nämlich – nach Feststellung des Bundesministers des Innern, Otto Schily[14] – nur bei rund einem Viertel der Verdacht einer Straftat soweit erhärtet, dass die Verfahren zur weiteren Bearbeitung an eine entsprechende Fachdienststelle abgegeben werden. Der überwiegende Teil der Verdachtsanzeigen trifft also – nach der verfassungsrechtlichen Unschuldsvermutung – Unschuldige. Die Bankinstitute veranlassen staatliche Ermittlungsverfahren gegen Kunden, die dazu objektiv keinen Anlass gegeben haben. Dieses wirft einen Schatten auf das Vertrauensverhältnis zwischen Kreditinstituten und Kunden.

Allerdings ist jede Unrechtsprävention und insbesondere die gegen Terrorismus und organisierte Kriminalität gerichtete Gefahrenabwehr mit dem Risiko belastet, nach Wahrscheinlichkeit und Verdacht vorbeugen zu müssen und deshalb nicht das für eine rückblickende Rechtspflege übliche Verfahren größtmöglicher Verlässlichkeit und Unschuldsvermutung beachten zu können. Auch für die Gefahrenprävention gilt aber das rechtsstaatliche Erfordernis des Maßes. Deshalb müssen die Anforderungen und konkreten Ent-

---

14 Fn. 12, S. 1250.

scheidungsmaßstäbe für eine Verwaltungshilfe so konkretisiert und vereinfacht werden, dass die Identifizierungs-, Aufzeichnungs-, Aufbewahrungs- und Anzeigenpflichten gefahrenadäquat gehandhabt werden können. Hier drängt sich zumindest für die Steuerverfahren das schonendere und verlässlichere Instrument des definitiven Quellenabzugs mit pauschaliertem Aufwand auf.

4. Kosten

Schließlich sind die Kosten der Verwaltungshilfe in Grenzen zu halten. Zur Garantie des Privateigentums (Art. 14 GG) und der Berufsfreiheit (Art. 12 GG) gehört das Prinzip der Privatnützigkeit, das Aufwendungen und Investitionen grundsätzlich in den Dienst privaten Erwerbsstrebens stellt. Dabei ist jeder Unternehmer durch das Wirtschaftsverwaltungsrecht, das Umweltrecht, das kollektive und individuelle Arbeitsrecht, das Steuer- und Sozialrecht, das jeweils branchenübliche Aufsichtsrecht mit Verwaltungsaufgaben belastet. Diese dem Grunde nach gerechtfertigten Lasten müssen jeweils gesondert gerechtfertigt, dann aber auch im Zusammenwirken als Gesamtsteuerlast verfassungsrechtlich gewürdigt werden. Das Thema der übermäßigen Kostenlast durch Verwaltungshilfe ist insbesondere für das Besteuerungsverfahren geläufig. Ein Maßstabshinweis mag die Tatsache enthalten, dass der Staat sich die Erhebung der Kirchensteuer für die Kirchen mit 3 Prozent des Kirchensteueraufkommens entgelten lässt.

Im Ergebnis fordert das Verfassungsrecht damit insbesondere, (1.) auch bei der Größe der Aufgabe der Terrorismusabwehr die Kultur des Maßes nicht zu verlieren, (2.) die private Verwaltungshilfe der Banken im Rahmen dieser Aufgabe zu nutzen, sie also nicht durch stetige staatliche Informationseingriffe zu ersetzen, (3.) klare gesetzliche Aufgaben zuzuweisen, also den materiellen Maßstab präzise zu definieren, (4.) diesen Auftrag auf die vorgefundene berufliche Qualifikation und die vorhandenen technischen Vorkehrungen zu beschränken, (5.) schonende, insbesondere dem wirtschaftlichen Auftrag der Banken und das ihm zugrunde liegende Vertrauensverhältnis wahrende Pflichten zu wählen, im Steuerrecht insbesondere eine definitive Quellensteuer mit pauschalierten Abzugsbeträgen vorzusehen und (6.) die Verwaltungslasten kostenbewusst zu bemessen und gegebenenfalls einen Kostenausgleich zu regeln.

Bankgeheimnis und Verhinderung der Geldwäsche

Michael Findeisen, Ministerialrat, Bundesministerium
der Finanzen, Berlin

I. Einleitung

II. Notwendigkeit einer Konturierung des Bankgeheimnisbegriffs

III. Inhalt und Reichweite des „Bankengeheimnisses" bei geldwäscherechtlichen Maßnahmen
   1. Die Rechtslage in der Schweiz
   2. Die Rechtslage in Deutschland

IV. Grundsätzliche Auskunftspflicht der Banken gegenüber staatlichen Stellen

V. Vorgaben für den staatlichen „Umgang" mit dem Bankgeheimnis in Deutschland durch internationale Anti-Geldwäschestandards
   1. Richtlinie 91/308/EWG des Rates vom 10. Juni 1991 zur Verhinderung der Nutzung des Finanzsystems zum Zweck der Geldwäsche („EU-Geldwäscherichtlinie").
   2. Unterrichtungspflichten gegenüber Behörden versus Bankgeheimnis
   3. Financial Action Task Force on Money Laundering (FATF)
   4. Durchsetzung des internationalen Standards bezüglich des Bankgeheimnisses

VI. Durchbrechungen des Bankgeheimnisses im deutschen Anti-Geldwäscherecht
   1. Verdachtsanzeigepflicht gemäß § 11 GwG – eine neuartige Kooperationspflicht
   2. Proaktive Aufklärungs- und Recherchepflichten führen zu einem Paradigmenwechsel bei der Geldwäscheprävention
   3. § 25a Abs. 1 Nr. 4 KWG verstößt nicht gegen das Datenschutzrecht
   4. Automatisiertes Abrufsystem für Kontenstammdaten (§ 24c KWG)
   5. Vereinbarkeit mit dem Datenschutz

VII. Ergebnis

I. Einleitung

Die Verhinderung der Geldwäsche ist Ende der achtziger Jahre des vorigen Jahrhunderts zu einem zentralen Strategiebestandteil im Kampf gegen die organisierte Kriminalität und neuerdings auch gegen die Wirtschaftskriminalität geworden.[1] Die Kontamination der Finanzmärkte durch Geldwäsche, die auf der Schattenseite von Globalisierung und der Freiheit des Kapitalverkehrs an Bedeutung zugenommen hat,[2] wurde für die Nationalstaaten zusehends zur ordnungspolitischen Herausforderung.[3] Weltweit werden Gewinne in Milliardenhöhe aus kriminellen Aktivitäten erwirtschaftet. Über den Umfang des in den Nationalstaaten gewaschenen Geldes lassen sich zwar wegen des großen Dunkelfeldes kaum Aussagen im Detail treffen, da es hier noch immer an zuverlässigen Berechnungsmethoden und einer verlässlichen Dunkelfeldforschung fehlt. Soviel ist jedoch evident: er ist sehr hoch. Nach Untersuchungen des Internationalen Währungsfonds (IWF) aus dem Jahr 1999 sollen 2 bis 5 Prozent des globalen Welt-Bruttoinlandsprodukts, d.h. zwischen 700 bis 1.500 Mrd. $ p.a. aus illegalen Quellen stammen. Zu ähnlichen Ergebnissen kommen die Vereinten Nationen.

Mehrere spektakuläre Geldwäschefälle in den letzten Jahren, von denen nahezu allen wichtigen Finanzzentren betroffen waren und von denen auch der Finanzplatz Deutschland nicht verschont geblieben ist, haben weltweit das Bewusstsein über die Risiken der Geldwäsche für Ökonomie und Gesellschaft geschärft. Die Akkumulation deliktisch erlangten Kapitals muss im Zeitalter globalisierter Finanzmärkte und transnationaler Finanzströme als Gefährdungsfaktor für die wirtschaftliche und politische Stabilität sowie für legal handelnde Wirtschaftssubjekte angesehen werden. Als Konsequenz wurden die Anstrengungen zur Bekämpfung der Geldwäsche und zur Kontrolle transnationaler Finanzströme verstärkt. Die in den neunziger Jahren entstandenen Standards gegen Geldwäsche wurden seitdem laufend verfei-

---

1 Vgl. für viele: *Altvater/Mahnkopf*, Globalisierung der Unsicherheit, 2002, 215 ff.; *Suendorf*, Geldwäsche, 2001, 25 ff.

2 So bereits Erwägungsgründe zur Richtlinie des Rates vom 10. Juni 1991 zur Verhinderung der Nutzung des Finanzsystems zum Zwecke der Geldwäsche (91/308/EWG) ABl. Nr. L 166/77 vom 28. Juni 1991.

3 Derleder/Knops/Bamberger (Hrsg.), Handbuch zum deutschen und europäischen Bankrecht (2003), § 5 (Findeisen) Rdn. 1ff.

nert und neuen, komplexeren Methoden der Geldwäsche bzw. der Finanzierung des Terrorismus angepasst.

Das strategische Konzept der Geldwäschebekämpfung hat nicht deliktisches Handeln einzelner Personen, sondern primär das Finanzmanagement des organisierten Verbrechens als dessen „Achillesferse" im Visier. Die finanzielle Logistik organisierter Kriminalität soll ausgetrocknet und Gewinne mit illegaler Herkunft abgeschöpft werden. Geldwäsche soll nicht allein mit strafrechtlichen Maßnahmen bekämpft werden; die Finanzinstitute können dabei eine höchst effektive Rolle spielen. Nach den Erwägungsgründen zur EU-Geldwäscherichtlinie vom 10. Juni 1991 ist der Schutz des Finanzsystems gegen Geldwäsche eine Aufgabe, welche die für die Bekämpfung der Geldwäsche zuständigen Behörden nicht ohne die Mithilfe der Kredit- und Finanzinstitute und der Finanzmarktaufsichtsbehörden meistern können.[4] Deshalb sei es erforderlich, das Bankgeheimnis in diesen Fällen aufzuheben.[5] Zur Realisierung dieses strategischen Konzepts der Einbeziehung Privater in die Geldwäscheprävention wurden auch in Deutschland mit dem Inkrafttreten des Geldwäschegesetzes im Jahr 1993[6] völlig neuartige gewerberechtliche Pflichten für Unternehmen geschaffen. Adressaten dieses neuen Pflichtenkatalogs, der der Umsetzung der 1. EU-Geldwäscherichtlinie diente,[7] waren primär die Kreditinstitute und deren Mitarbeiter.

Durch die Schaffung von spezifischen Identifikations-, Dokumentations- und Verdachtsanzeigepflichten sowie die Postulierung unternehmensinterner Sicherungsmaßnahmen und „Firewalls gegen die Geldwäsche" soll einem wichtigen Ziel der internationalen Strategie gegen die Geldwäsche Rechnung getragen werden: der Sicherstellung von Transparenz von baren und unbaren Zahlungsströmen. Transparenz soll Ermittlungs- und Finanzmarktaufsichtsbehörden sowie Finanzintermediären ermöglichen, Zahlungsflüsse anhand der Papierspur zu verfolgen und den in der Zahlungskette beteiligten Perso-

4 Vgl. Fn. 2.

5 Ebenda.

6 Gesetz über das Aufspüren von Gewinnen aus schweren Straftaten (Geldwäschegesetz – GwG) vom 25. Oktober 2003 (BGBl. I, 1770).

7 Richtlinie zur Verhinderung der Nutzung des Finanzsystems zum Zwecke der Geldwäsche vom 10.6.1991 (91/308/EWG), siehe Fn. 2.

nen zuordnen zu können.[8] Dies ist Voraussetzung sowohl für effektive Sicherungsmaßnahmen gegen Geldwäsche als auch für die Sicherstellung und Einziehung illegal erlangter Vermögensgegenstände. Dieser auch in Deutschland akzeptierte internationale Bekämpfungsansatz, der für staatliche Stellen ohne transparente Geschäfts- und Kontenbeziehungen wirkungslos wäre, korrelierte zwangsläufig mit Inhalt und Umfang des Bankgeheimnisses.

Es nimmt deshalb nicht Wunder, dass das Verhältnis von staatlichen Anti-Geldwäschemaßnahmen zum Bankgeheimnis, soweit diese auf die Transparenz von Transaktionen und Konten gerichtet sind, von der juristischen Literatur und insbesondere von den Interessenverbänden der Kreditwirtschaft bei der Schaffung des Geldwäschegesetzes problematisiert wurde. Die seit 1993 vom Gesetzgeber mehrfach vorgenommenen Verschärfungen und Neujustierungen des staatlichen Maßnahmekatalogs gegen Geldwäsche haben diese Debatte seither immer wieder aufleben lassen.[9] Gleiches gilt für die gesetzlichen Maßnahmen gegen die Finanzierung des Terrorismus, die in Folge der Terroranschläge vom 11. September 2001 in der 14. Legislaturperiode getroffen worden sind.[10]

II. Notwendigkeit einer Konturierung des Bankgeheimnisbegriffs

Das Bankgeheimnis hat in vielen Ländern weit zurückreichende historische und kulturelle Wurzeln. Es ist unbestritten, dass das Bankgeheimnis eine fundamentale Voraussetzung jedes soliden Banksystems ist.[11] Das Urteil des

---

8 Vgl. zu dieser Bekämpfungsstrategie: *Findeisen*, Der Präventionsgedanke im Geldwäschegesetz, wistra 1997, 121 ff.

9 Vgl. *Weber*, Die Bank 1996, 84 ff.; *Hoppenstedt*, Zeitschrift für das gesamte Kreditwesen (ZfgK) 2002, 121 ff.

10 Besonders hervorzuheben sind das Gesetz zur Verbesserung der Geldwäsche und der Bekämpfung der Finanzierung des Terrorismus (Geldwäschebekämpfungsgesetz) vom 8. August 2002 (BGBl. I vom 14. August 2002, 3105 ff.) und das Gesetz zur Bekämpfung des Internationalen Terrorismus (Terrorismusbekämpfungsgesetz) vom 9. Januar 2002 (BGBl. I S. 361) sowie Gesetzesänderungen im Kreditwesengesetz (KWG) aufgrund des Gesetzes zur weiteren Fortentwicklung des Finanzplatzes Deutschland (Viertes Finanzmarktförderungsgesetz) vom 21. Juni 2002 (BGB. I. S. 2010).

11 OECD: Verbesserung des Zugangs für Bankinformationen für Besteuerungszwecke (2000), S. 19.

OLG München vom 10.12.2003[12] hat jüngst einer größeren Öffentlichkeit die Bedeutung der zwischen Bank und Bankkunde im Bankvertrag vereinbarten Pflicht zur Verschwiegenheit vor Augen geführt. Bankkunden würden ihr Geld und ihre Finanzangelegenheiten kaum Banken anvertrauen, wenn die Vertraulichkeit ihrer sich in der Kundenbeziehung abbildenden geschäftlichen Aktivitäten – etwa vor der „Konkurrenz“ oder vor Gläubigern – nicht gewahrt würde.

Der Begriff des Bankgeheimnisses und dessen Reichweite ist jedoch trotz seiner Bedeutung im deutschen Rechtssystem nicht gesetzlich definiert.[13] Dieses Faktum prägt auch den Diskurs und den Interessenstreit, soweit das Bankgeheimnis im Zusammenhang mit einer effektiven Bekämpfung der Geldwäsche steht.

Weil Inhalt und Schranken des Bankgeheimnisses in der öffentlichen Diskussion um das Bankgeheimnis verschwimmen, ist für die Eingrenzung und Bestimmung des Diskussionsgegenstandes vorab eine rechtliche Konturierung des Begriffs „Bankgeheimnis“ erforderlich. Dies ist umso notwendiger, weil bei der Verwendung dieses Begriffs in der Debatte um Inhalt und Reichweite staatlicher Maßnahmen gegen die Geldwäsche zum Teil der Anschein erweckt wurde, das Bankgeheimnis bestünde schrankenlos und stellte für den Kunden eine feste Rechtsgarantie gegen staatliche Eingriffe dar. Ebenfalls wurde in der Literatur die Auffassung vertreten, Eingriffe in das Bankgeheimnis verletzten auch Grundrechte der Bank[14] oder dem Kreditinstitut seien Abwehrrechte im Interesse des Kunden zugunsten der Wahrung des Bankgeheimnisses eingeräumt, die vom Gesetzgeber im Interesse einer effektiven Bekämpfung der Geldwäsche geschliffen würden.

Zunächst ist festzuhalten, dass Fragen des Inhalts des Bankgeheimnisses und der Schranken des „Bankgeheimnisses“ in höchst unterschiedlichen Rechtsbereichen eine Rolle spielen. Das Bankgeheimnis ist im Zusammenhang mit Fragen des Bankvertragsrechts, des Steuerrechts, des Strafrechts und des Gewerbe- und Finanzmarktaufsichtsrechts von Relevanz. Die Dis-

12 NJW 2004, 224 ff., gemeinhin als Schadensersatzprozess „Kirch/Breuer“ bezeichnet.

13 Erst mit der Novellierung der Allgemeinen Geschäftsbedingungen der Banken zum 1. Januar 1993 wurde das Bankgeheimnis in Nr. 2 I AGB-Banken ausdrücklich geregelt (vgl. *Sonnenhol*, WM 1993, 677 (678)).

14 *Rehbein*, ZHR 149 (1985), 139 (145), *Ehlers*, BB 1978, 1513 (1515).

kussion um Schutz und Reichweite des Bankgeheimnisses wird jedoch gewöhnlich „sektorenübergreifend" geführt. In schöner Regelmäßigkeit wird in den Medien die politische Debatte um die Besteuerung von Zins- und Dividendenerträgen und die Quellensteuer sowie die Diskussion um steuerliche Kontrollmitteilungen mit dem Diskussionsgegenstand „Geldwäsche" und dem Maßnahmekatalog gegen Geldwäsche vermengt, wobei der Begriff des Bankgeheimnisses als Klammer dient.

Sollen in der Diskussion um die „Reichweite" und „Bestandskraft" des Bankgeheimnisses Fehlinterpretationen oder gar Mythenbildungen vermieden werden, muss jedoch der Begriff „Bankgeheimnis" und dessen rechtliche Schranken für die konkrete, so auch für die im Zusammenhang mit der Geldwäschebekämpfung stehende Rechtsdiskussion konturiert und herausdestilliert werden.

III. Inhalt und Reichweite des „Bankengeheimnisses" bei geldwäscherechtlichen Maßnahmen

In Deutschland existiert für das Bankgeheimnis – im Gegensatz zu anderen Ländern wie etwa Österreich oder der Schweiz – keine gesetzliche Regelung bzw. Legaldefinition. Der gesetzliche Schutz ist bei der Weitergabe von durch einen Kunden anvertrauten Tatsachen an Dritte ohne Vorliegen einer Berechtigung im Vergleich zu einigen Nachbarländern geringer. Verletzungen des Bankgeheimnisses durch das Kreditinstitut haben nur zivilrechtliche,[15] jedoch nicht, wie etwa in der Schweiz, Liechtenstein oder aber auch Singapur strafrechtliche Folgen.[16] Gerade dieser interessegemäß besonders hervorgehobene strafrechtliche Schutz hat – darauf weist Heine[17] hin – wesentlich zur Mythenbildung um das Bankgeheimnis beigetragen. Um dieser Mythenbildung vorzubeugen, bietet sich in diesem Zusammenhang ein

15 Vgl. *Schimanski/Bunte/Lwowski*, Bankrechts-Handbuch (2001), § 39, 115.

16 Allenfalls Mitarbeiter öffentlich-rechtlicher Kreditinstitute können wegen der unbefugten Offenbarung privater Geheimnisse gemäß § 203 Abs. 2 StGB strafrechtlich belangt werden (so *Beckhusen/Derleder/Knops/Bamberger*, Handbuch zum deutschen und europäischen Bankrecht (2003); § 5 Rdn. 63).

17 *Heine* in: Gedächtnisschrift Vogler (2004), Die Schweiz, das Bankgeheimnis und die Rechtshilfe.

kurzer historischer und rechtsvergleichender Exkurs zum Schweizer Bankgeheimnis an.

1. Die Rechtslage in der Schweiz

Das Schweizer Bankgeheimnis gilt auch hierzulande Vielen als eherne, uneinnehmbare Festung, das den Kundeninteressen um dem „Schutz der Privatsphäre freier Bürger“ modellhaft Rechnung trage. Hierzu ist festzustellen, dass sich auch die Schweiz dem internationalen Anti-Geldwäscheregime unterworfen hat, wie es etwa von Gremien wie der Financial Action Task Force on Money Laundering (FATF) unter Mitwirkung der Schweiz seit 1990 geschaffen und aktualisiert worden ist.[18] Mehrere Geldwäschefälle, von denen die Schweiz und das „Private Banking“ seiner Institute in besonderem Maße betroffen waren und die Reputation des gesamten Finanzplatzes in Zweifel zogen, ließen der Schweiz keine andere Wahl als sich aktiv an der Schaffung eines wirksamen internationalen Maßnahmepakets gegen Geldwäsche zu beteiligen. Heute hat die Schweiz hinsichtlich der Maßnahmen gegen die Geldwäsche im Ergebnis dieselben internationalen Standards wie etwa Deutschland zu erfüllen. Dementsprechend gibt es entgegen den ständig in den deutschen Medien repetierten Behauptungen auch in der Schweiz keine anonymen Konten bzw. Konten, die unter fiktiven Namen angelegt worden sind, ohne dass die kontoführende Bank den Kontoinhaber oder die Verfügungsberechtigten kennt. Außerdem wird von der Schweiz– anders als bei der Steuerhinterziehung – Rechtshilfe in Fällen der Geldwäsche geleistet.[19] Daran würde sich selbst dann nichts ändern können, wenn „die Gewährleistung des Bankgeheimnisses“, wie vom Schweizer National- und Ständerat

18 Die Standards der FATF (40 Empfehlungen) der FATF finden sich auf der Webside der FATF <fatf-gafi.org>; zur Arbeit der FATF vgl. Bundesministerium der Finanzen, Fortschritte bei der Verhinderung von Geldwäsche, Monatsbericht August 2003, S. 75 ff. <http://www.bundesfinanzministerium.de>.

19 Während die Schweiz in Fällen begründeten Verdachts auf Steuerbetrug (Abgabenbetrug) der europäischen Steuerfahndung Amtshilfe gewähren will, ist es bei Steuerhinterziehung, die in der Schweiz nur Übertretung auch bei Steuerhinterziehung in großem Ausmaß oder aus grobem Eigennutz ist, zu keiner Kooperation bereit. Dasselbe gilt auch für Fälle von Geldwäsche, denen – wie in Deutschland – Fälle der Steuerhinterziehung (§ 370a AO) zugrunde liegen.

Ende 2003 beschlossen, in der Schweizer Verfassung festgeschrieben würde.[20] Die Erhebung bestimmter Interessen der schweizerischen Volkswirtschaft und des Standortvorteils für den Schweizer Finanzplatz[21] in einen Verfassungsrang würde die Schweiz nicht davon entlasten, von ihr eingegangene internationale Verpflichtungen zu erfüllen.[22]

Die Geschichte des Bankgeheimnisses in der Schweiz während des deutschen Nationalsozialismus zeigt frappant, dass durch den Mechanismus des spezifischen Schutzes des Bankgeheimnisses, etwa über das Strafrecht, private Rechte wie das Persönlichkeitsrecht und eine sichere Vermögensverwahrung nicht unbedingt besser garantiert werden können. In dieser historischen Etappe hat das Bankgeheimnis besonderen Belastungsproben, denen es etwa durch das Schnüffeln deutscher Beamter im Nationalsozialismus ausgesetzt war, kaum standgehalten.[23] Schweizer Historiker haben aufgezeigt, dass der Kundenschutz in vielen Fällen auch in der Schweiz eigenen Geschäftsinteressen und dem Zwang der Anpassung geopfert worden ist. Die jüngst in der Öffentlichkeit geführte Debatte von Erben von Verfolgten des Naziregimes um sog. nachrichtenlose Konten in der Schweiz hat dies noch einmal bestätigt.

2. *Die Rechtslage in Deutschland*

In Nr. 2 ihrer Allgemeinen Geschäftsbedingungen (AGB-Banken) hat die deutsche Kreditwirtschaft eine Begriffsbestimmung für das Bankgeheimnis geschaffen, um – so Kümpel[24] – „den hohen Stellenwert des Bankgeheimnisses in der Bank – Kundenbeziehung zu verdeutlichen“: *Die Bank ist zur Verschwiegenheit über alle kundenbezogenen Tatsachen und Wertungen verpflichtet, von denen sie Kenntnis erlangt (Bankgeheimnis).*

---

20 Zu diesem nutzlosen Unterfangen vgl. *Ulrich* in Tagesanzeiger vom 13. Januar 2003

21 Dies gilt insbesondere für das Private Banking und die Vermögensverwaltung.

22 Vgl. *Popp*, Grundzüge der internationalen Rechtshilfe in Strafsachen, 2001, S. 126.

23 Schlussbericht der Unabhängigen Expertenkommission Schweiz – Zweiter Weltkrieg 2002, 2. Aufl., S. 261 ff.

24 *Kümpel*, Bank- und Kapitalmarktrecht, 2. Aufl. 2002, Rdn. 2.141.

Das „Bankgeheimnis“ bezeichnet auch nach den Allgemeinen Geschäftsbedingungen der Banken nicht mehr als jene Verschwiegenheitspflicht der Kreditinstitute, die sich aus der vertraglichen Beziehung zwischen Bank und Kunde ergibt. Der Begriff des Bankgeheimnisses umschreibt damit lediglich eine nebenvertragliche Pflicht aus dem Bankvertrag zwischen dem Institut und dem Kunden, die die Bank grundsätzlich zum Stillschweigen gegenüber Dritten hinsichtlich der Vermögensverhältnisse des Kunden und der sonstigen kundenbezogenen, vertraulichen Daten verpflichtet, soweit die Bank nicht gesetzlich zur Auskunft verpflichtet ist. Diese Verschwiegenheitspflicht statuiert kein „Geheimnis der Banken“, mithin keine eigene Rechtsposition des Kreditinstituts. Rechtliche Basis des Bankgeheimnisses ist somit die Vertragsfreiheit des Kunden, die ihrerseits den Grundrechtsschutz der allgemeinen Handlungsfreiheit im Sinne des Art. 2 Abs. 1 GG in Anspruch nehmen kann. Das Bundesverfassungsgericht verzichtet im übrigen bei einschlägigen Entscheidungen, etwa wegen Ermittlungsmaßnahmen gegen eine Bank wegen des Verdachts der Steuerhinterziehung,[25] vollständig auf den Begriff „Bankgeheimnis“; es spricht – ebenso wie § 30a Abgabenordnung – hinsichtlich des hier interessierenden Sachverhalts wesentlich genauer von der „Integrität des Vertrauensverhältnisses zwischen Bank und Kunde“.

Das Bankgeheimnis genießt in Deutschland – über das Recht zur freien Entfaltung der Persönlichkeit im Sinne des Art. 2 Abs. 1 GG hinaus[26] – keinen unmittelbaren Verfassungsrang. Mit dem Bankgeheimnis besteht also bezüglich der gegen Geldwäsche getroffenen gesetzlichen Maßnahmen kein absolut zu wertendes Menschenrecht zur Disposition, wie dies etwa beim Großen Lauschangriff oder beim Einsatz polizeilicher Videokameras der Fall ist.

---

25 BverfG, Beschlüsse vom 23.2.1994 – 2 BvR 396/94, NJW 1994, 2079 und vom 13.12.1994 BvR 894/94, NJW 1995, 2839 ff.; vgl. hierzu *Papier/Dengler* in Betriebs-Berater 2541 ff.

26 Eine Gleichsetzung des Bankgeheimnisses mit der auch unter dem Schutz des Art. 1 Abs. 1 GG stehenden Intimsphäre (*Sichtermann*, MDR 1965, 697) geht zu weit. Das Bankgeheimnis gehört nicht zum innersten, elementaren und höchstpersönlichen und damit unantastbaren Kernbereich der privaten Lebensgestaltung einer Person, wie dies etwa bei Krankenblättern oder Tagebuchaufzeichnungen der Fall ist. Die Angelegenheit des Bankkunden im Rahmen der Abwicklung des Bankvertrages sind primär vermögensrechtlicher und wirtschaftlicher Natur (*Selmer*, Steuerrecht und Bankgeheimnis (1981) S. 7 ff.

Dies zeigt schon der Blick auf die Länder, die historisch kein Bankgeheimnis besessen haben oder besitzen. Selbst so freiheitsbetonende und individualitätsschützende Länder wie die USA und Großbritannien kennen das das Rechtsinstitut des Bankgeheimnisses nicht.[27]

Eine mittelbare verfassungsrechtliche Grundlage für das Bankgeheimnis lässt sich allenfalls insoweit vertreten, als die Vertragsfreiheit Ausfluss der in Art. 2. Abs. 1 GG verfassungsmäßig garantierten allgemeinen Handlungsfreiheit ist. Art. 2 Abs. 1 GG kann durch eine Schrankentrias eingeschränkt werden. Die verfassungsrechtliche Ordnung, d.h. alle Normen, die formell und materiell mit der Verfassung übereinstimmen, stellen eine solche Einschränkungsmöglichkeit dar. Voraussetzung ist hier lediglich deren Verhältnismäßigkeit (Übermaßverbot).

Den Umfang des Bankgeheimnisses bestimmt zunächst der Kunde. Neben der Einwilligung des Kunden kann das Bankgeheimnis im Ergebnis auf breiter Front durch staatliche Eingriffe durchbrochen werden Diese bedürfen einer gesetzlichen Grundlage. Genügt diese dem Gebot der Verhältnismäßigkeit, so ist sie als Bestandteil der verfassungsmäßigen Ordnung eine wirksame Schranke der allgemeinen Handlungsfreiheit und damit des Bankgeheimnisses.

Als Zwischenergebnis ist somit festzuhalten, dass Regelungen des Gesetzgebers und Eingriffe der Exekutive durch das Bankgeheimnis nicht verwehrt werden, wenn sich diese im Rahmen der Verhältnismäßigkeit und des Übermaßverbotes halten.

IV. Grundsätzliche Auskunftspflicht der Banken gegenüber staatlichen Stellen

Eine Verpflichtung zur Einhaltung des Bankgeheimnisses ergibt sich allein aus dem Bankvertrag. Ebenso wenig wie das Verfassungsrecht legen sonstige öffentlich-rechtliche Rechtsvorschriften (KWG) den Banken eine solche Verpflichtung auf.

Zwar setzen eine Reihe gesetzlicher Vorschriften die Existenz einer solchen Verschwiegenheitspflicht als bestehende voraus – ohne diese als „Bank-

27 Allerdings findet man dabei auch eine unterschiedliche Behandlung des Bankgeheimnisses für In- und Ausländer.

geheimnis" zu bezeichnen oder diese privatrechtliche Verpflichtung – wie etwa im österreichischen Bankwesengesetz – öffentlich-rechtlich zu flankieren.

Finanzbehörden haben bei der Ermittlung des steuerlichen Sachverhalts nach § 30a AO auf das Vertrauensverhältnis zwischen Kreditinstitut und Kunden Rücksicht zu nehmen. § 9 KWG verpflichtet die bei der Bundesanstalt für Finanzdienstleistungsaufsicht (BaFin) Beschäftigten und die von ihr beauftragten Personen, die ihnen bei ihrer Tätigkeit bekannt gewordenen Tatsachen geheim zu halten, deren Geheimhaltung im Interesse des Kreditinstituts oder eines Dritten liegt.

Im Verhältnis Staat – Kreditinstitut hat der Gesetzgeber dadurch keine Regelung vorgesehen, Bankkonten und in der Sphäre des Kreditinstituts vorhandene Daten des Bankkunden vor den Anfragen staatlicher Stellen völlig abzuschotten. Der Gesetzgeber sieht vielmehr Banken als grundsätzlich auskunftspflichtig gegenüber staatlichen Stellen an.

Die vertragliche Pflicht zur Verschwiegenheit wird von einer Offenbarungspflicht der Kreditinstitute gegenüber staatlichen Stellen kraft Gesetzes vielfach durchbrochen. Gesetzliche Grundlagen sind hierfür u.a. Vorschriften des Strafprozessrechts,[28] des Bankaufsichtsrechts (KWG), Regelungen im Wertpapierhandelsgesetz und in Deutschland seit der Schaffung des Straftatbestands der Geldwäsche (§ 261 StGB) im Jahr 1992 und des Geldwäschegesetzes (GwG) im Jahr 1993 das gesetzliche Maßnahmepaket gegen die Geldwäsche.

---

28 Im Strafverfahren existiert etwa eine uneingeschränkte Auskunftspflicht über dem Bankgeheimnis unterliegende Gegenstände gegenüber dem Richter – gegenüber der Staatsanwaltschaft dann, wenn diese nach § 161a StPO einen Mitarbeiter der Bank als Zeugen lädt. Ein besonderer Schutz besteht auch nicht gegenüber Anordnungen vor Durchsuchungen und Beschlagnahmungen. Kreditinstitute und deren Mitarbeiter sind somit in Strafverfahren gegenüber Strafverfolgungsbehörden (§ 161a StPO) und Finanzbehörden (§ 399 AO) praktisch unbegrenzt zur Auskunft verpflichtet.

V. Vorgaben für den staatlichen „Umgang" mit dem Bankgeheimnis in Deutschland durch internationale Anti-Geldwäschestandards

Der Inhalt des Maßnahmepakets gegen Geldwäsche in Deutschland wird wesentlich durch rechtliche bindende bzw. durch politische internationale Vorgaben bestimmt:

1. Richtlinie 91/308/EWG des Rates vom 10. Juni 1991 zur Verhinderung der Nutzung des Finanzsystems zum Zweck der Geldwäsche („EU-Geldwäscherichtlinie").

Nachdem die Europäische Union mit ihrer „Ersten Geldwäscherichtlinie" vom 10. Juni 1991 Regularien für Kreditinstitute, Finanzdienstleistungsinstitute und Versicherungsunternehmen formuliert hat, wurde mit einer „Zweiten Geldwäscherichtlinie" (Richtlinie 2001/97/EG des Europäischen Parlaments und des Rates vom 4. Dezember 2001 zur Änderung der Richtlinie 91/308/EWG des Rates zur Verhinderung der Nutzung des Finanzsystems zum Zwecke der Geldwäsche) der Bereich der freien Berufe und der Nicht-Finanzunternehmen in die Regelungen der Identifizierung und der Pflichten zur Erstattung von Verdachtsanzeigen einbezogen. Auch Rechtsanwälte, Notare, Steuerberater und Wirtschaftsprüfer, Gold- und Edelsteinhändler sowie Spielbanken sind nun Adressaten der Richtlinie.

Gegenwärtig ist die EU-Kommission im Begriff, eine „Dritte Geldwäscherichtlinie" vorzubereiten, die Lücken im bestehenden Maßnahmekatalog gegen Geldwäsche (Institutsinternes Risk Management und „Customer Due Diligence-Standards", Herstellung von Transparenz im Zahlungsverkehr und bei juristischen Personen Maßnahmen zur Verfolgung des Underground Banking und der Regulierung des Finanztransfergeschäfts) schließen soll. Diese „Dritte Geldwäscherichtlinie" soll auch der Bekämpfung der Finanzierung des Terrorismus dienen. Seit dem 11. September 2001 wird das bestehende Anti-Geldwäscheinstrumentarium mit Maßnahmen zur Bekämpfung und Verhinderung der Finanzierung des Terrorismus verknüpft, weil die Methoden der Finanzierung des Terrorismus viele Gemeinsamkeiten mit Typologien der Geldwäsche aufweisen. Für die Vorbereitung und langfristige Finanzierung bedienen sich Terrornetze Methoden, wie sie für die Geldwäsche gebräuchlich sind.

In den operativen Vorschriften sieht die EU-Richtlinie im wesentlichen folgende Pflichten vor: Identifikation bezüglich des Kunden und des wirtschaftlich Berechtigten bzw. Identifizierungspflichten bei Transaktionen über einem Schwellenwert von 15.000 € und im Verdachtsfall (Art. 3), Dokumentationspflichten hinsichtlich der Identitätsdokumente und Transaktionsunterlagen (Art. 4), Prüfungs- und Abklärungspflichten bei ungewöhnlichen und verdächtigen Transaktionen (Art. 5), Zusammenarbeit mit Behörden und Unterrichtungspflichten gegenüber Behörden (Art. 6), Entwicklung geeigneter interner Kontrollverfahren (Art. 11).

2. *Unterrichtungspflichten gegenüber Behörden versus Bankgeheimnis*

Von erheblicher Bedeutung ist, dass im Hinblick auf die Unterrichtungspflichten gegenüber Behörden (Art. 6) ausdrücklich das Bankgeheimnis bzw. im Bereich der Nicht-Finanzinstitute generell das Berufsgeheimnis zum Schutz der Vertraulichkeit der Kundenbeziehung aufgehoben wird.[29]

Art. 6 Abs. 1a sieht vor, dass die dieser Richtlinie unterliegenden Institute sowie Personen den für die Bekämpfung der Geldwäsche zuständigen Behörden von sich aus über alle Tatsachen, die ein Indiz für eine Geldwäsche sein könnten, unterrichten und diesen auf Verlangen weitere Auskünfte erteilen. Die Aufhebung des Bankgeheimnisses im Hinblick auf diese hieraus resultierenden Unterrichtungspflichten[30] folgt aus dem als Freistellungsregelung ausgestalteten Art. 9 der EU-Geldwäscherichtlinie. Danach zieht es keine nachteiligen (zivilrechtlichen oder strafrechtlichen) Folgen für Kredit- oder Finanzinstitute, deren leitendes Personal oder Angestellte nach sich, wenn diese gutgläubig eine Verdachtsanzeige erstatten.[31]

---

29 *Ohler*, Europäische Kapital- und Zahlungsverkehrsfreiheit 2002, vor Art. 1 GeldwäscheRL Rdn. 10; *Findeisen*, ERA-Forum 2001, Nr. 1, 13 (14).

30 Kom (99) 352 endg. ABl. 2000 Nr. C 1777 E.

31 In Deutschland erfolgte eine inhaltlich konforme Umsetzung des Artikel 9 durch § 12 GwG.

3. Financial Action Task Force on Money Laundering (FATF)

Die weltweit wichtigsten Maßnahmen im Kampf gegen Geldwäsche werden von der Financial Action Task Force on Money Laundering (FATF) formuliert, die 1989 von den G 7-Staaten gegründet wurde und mittlerweile 33 Mitglieder umfasst (31 Staaten sowie die EU-Kommission und der Kooperationsrat der Golfstaaten). Die FATF hat den Inhalt der EU-Geldwäscherichtlinie maßgeblich beeinflusst. Mit ihren 40 Empfehlungen, die unter deutscher Präsidentschaft im Juni 2003 in Berlin vollständig überarbeitet wurden, prägt und vereinheitlicht die FATF bereits seit Jahren die Geldwäschebekämpfungspolitik der nationalen Staaten.[32] In Reaktion auf die Terroranschläge hat die FATF am 29./30. Oktober 2001 darüber hinaus 8 Sonderempfehlungen zur Bekämpfung der Finanzierung des Terrorismus verabschiedet.

Die auf einem multidisziplinären Konzept beruhenden 40 Empfehlungen der FATF enthalten neben Standards auf dem Gebiet der Strafrechtspflege unter anderem Identifizierungsanforderungen gegenüber Bankkunden, Forderungen nach höherer Geschäftsführungssorgfalt der Finanzinstitute, Maßgaben zur Zusammenarbeit zwischen den Finanzaufsichtsbehörden sowie zur internationalen Rechtshilfe. Als „soft law" entfalten die Empfehlungen der FATF keine verbindliche Rechtswirkung für die Mitgliedstaaten. Bei einer Nichtbeachtung dieser Standards, deren Einhaltung von FATF und IWF in einem eigenen Prüfungswesen überprüft und die Prüfungsergebnisse der Länderprüfungen zum Teil veröffentlicht werden, besteht jedoch die Gefahr, dass Staaten mit Implementierungsdefiziten öffentlich an den Pranger gestellt werden, was nicht nur eine politische Ächtung, sondern in Ausnahmefällen sogar Sanktionen der Staatengemeinschaft nach sich ziehen kann.

Die besondere Bedeutung der von der FATF verabschiedeten Maßgaben für die weltweite Bekämpfung von Geldwäsche und Terrorismus wird dadurch deutlich, dass andere internationale Organisationen seit der erfolgreichen Konstituierung der FATF auf die Schaffung eigener Standards im Geldwäschebereich weitgehend verzichtet haben. So versuchen die G 7-Staaten, IWF und Weltbank mit den ihnen zur Verfügung stehenden politischen und ökonomischen Instrumenten bzw. Prüfungsmechanismen die

32 Die 40 Empfehlungen und die 8 Sonderempfehlungen der FATF gegen die Finanzierung des Terrorismus sind im Internet unter <www.fatf-gafi.org> abrufbar.

geschaffenen FATF-Vorgaben durchzusetzen und zu verbreitern. Auch der Baseler Ausschuss für Bankenaufsicht, der 1988 durch die Baseler Grundsatzerklärung den ersten relevanten Maßnahmekatalog gegen Geldwäsche auf internationaler Ebene initiierte, ergänzt seit Einrichtung der FATF ihre Arbeit in Bereichen, wo es im Bankensektor unter Solvenzkriterien enge Berührungspunkte mit der Geldwäscheproblematik gibt, etwa bei Off-Shore-Zentren, Risk Management der Banken oder interner Revision und Schaffung adäquater Aufsichtsstandards. Mit seinen jüngsten Regeln über „Customer Due Diligence for Banks" hat der Baseler Ausschuss Maßstäbe von Monitoringpflichten für die Durchführung des „Know-your-customer-Prinzips" bei Eingang einer Geschäftsbeziehung und während ihres Bestehens aufgestellt. Diesen für Kreditinstitute geschaffenen Ansatz hat die FATF durch die im Juni 2003 unter deutscher Präsidentschaft verabschiedeten 40 Empfehlungen auf alle Finanzdienstleister, Lebensversicherungen und Wertpapierhäuser ausgedehnt.

Die Empfehlung 4 der Financial Action Task Force on Money Laundering (FATF) verlangt von ihren Mitgliedsländern, dass das Bankgeheimnis nicht die Umsetzung dieser gegen Geldwäsche gerichteten Empfehlungen behindern darf.[33] Diese Empfehlung zeitigt Auswirkungen nicht nur auf die Handhabung der Verdachtsanzeigepflicht, sondern auch auf die internationale Zusammenarbeit und Rechtshilfe bei der Bekämpfung der Geldwäsche sowie die von den Pflichtigen zu treffenden internen Organisations- und Abwehrmaßnahmen gegen die Geldwäsche. Diese Abwehrmaßnahmen beruhen in erster Linie auf der Schaffung von Transparenz über Geldflüsse und deren Herkunft sowie von Transparenz über Kunden sowie sonstigen Personen, denen eingebrachte Vermögensgegenstände rechtlich und tatsächlich zuzuordnen sind.

---

33 Die Konvention der Vereinten Nationen gegen Korruption, die im Dezember 2003 verabschiedet wurde, sieht in ihrem Artikel 42 ebenfalls vor, dass durch das Bankgeheimnis nationale Ermittlungsverfahren wegen Korruption nicht behindert werden dürfen.

4. Durchsetzung des internationalen Standards bezüglich des Bankgeheimnisses

Deutschland transformierte den maßgeblich von der FATF und durch die beiden EU-Geldwäscherichtlinien geschaffenen internationalen Standard gegen Geldwäsche und die Finanzierung des Terrorismus in vollem Unfang in sein nationales Rechtssystem. Andere Länder in der Europäischen Union, die in ihrer Rechtspraxis den Inhalten der EU-Geldwäscherichtlinie und den 40 Empfehlungen der FATF zum Bankgeheimnis und zur Anonymität des Kunden nicht entsprachen, wurden von diesen Institutionen gezwungen, ihr Rechtssystem den internationalen Anforderungen anzupassen.

Wegen der mangelhaften Umsetzung der ersten EG-Geldwäscherichtlinie hat die Europäische Kommission vor dem Europäischen Gerichtshof im Oktober 1997 Klage gegen Österreich eingereicht, nachdem Österreich wegen seiner weit verstandenen Auslegung des Bankgeheimnisses der Aufforderung der Kommission zunächst nicht nachkam, die ca. 25 Millionen anonymen Sparkonten und Wertpapierdepots zugunsten identifizierter Konten abzuschaffen.[34] Die Kommission sah hier einen Verstoß gegen die Identifizierungsanforderungen der Richtlinie (Art. 3), zumal mit Sparkonten und Depots, die so errichtet bzw. geführt werden, dass weder bei dem kontoführenden Institut bekannt noch in den Unterlagen dokumentiert ist, wer Inhaber des Kontos ist bzw. wer darüber Verfügungen treffen kann, die Verschleierung der Spur von Geldern illegalen Ursprungs ermöglicht wird. Auch die FATF verschärfte ihren Druck gegenüber dem Mitgliedstaat Österreich und drohte im Februar 2000 das Ruhen der Mitgliedschaft Österreichs in der FATF zum 15. Juni 2000 an, falls Österreich nicht ein Gesetzgebungsverfahren anstrengen würde, das die Eröffnung anonymer Sparbücher verbietet und bereits bestehende eliminiert.[35] Österreich hat im Ergebnis wegen des hierdurch drohenden Reputationsverlustes nachgegeben und dem Petitum durch die Novellierung des Bankwesengesetzes entsprochen. Seit 1. November 2000 ist die Neueröffnung anonymer Sparbücher in diesem Land unzulässig. Auch die Identifizierungspflichten bei Depots wurden neu geregelt. Seit 1. Juli sind darüber hinaus für Altfälle Vorschriften zur nachträglichen

---

34 *Fülbier/Aepfelbach* GwG (4. Aufl.) –Länderbericht Östereich Rdn. 6 ff.

35 Vgl. Jahresbericht der FATF 1999-2000 (unter <www.fatf-gafi.org> abrufbar).

Legitimation von bereits errichteten Sparkonten in Kraft, die eine Einzahlung bzw. Abverfügung ohne bestehende Legitimationsprüfung unmöglich machen soll.

Im Juni 2001 wurde Ungarn – zusammen mit 18 weiteren Staaten – von der FATF auf eine öffentlich gemachte „Schwarze Liste der nicht kooperierenden Staaten und Territorien" gesetzt, weil ihr Anti-Geldwäschesystem nicht dem FATF-Standard entsprach. In Bezug auf Ungarn war dies auf die entsprechend der früheren österreichischen Rechtstradition errichteten anonymen Sparbücher zurückzuführen.[36] Aufgrund dieser Prangerwirkung der FATF-Sanktionspolitik hat Ungarn sein Anti-Geldwäscherecht (Gesetz Nr. XXIV von 1994 zur Verhinderung und Bekämpfung der Geldwäsche) modifiziert. Kontoinhaber und wirtschaftlich Berechtigte sind seit dem 15. Dezember 2001 zu identifizieren, wobei bereits existierende anonyme Sparkonten in identifizierte Konten umgewandelt wurden.[37] Im Juni 2002 wurde Ungarn von der Schwarzen Liste der FATF gestrichen.

VI. Durchbrechungen des Bankgeheimnisses im deutschen Anti-Geldwäscherecht

Nach dem strategischen Ansatz, der den FATF-Empfehlungen und der EU-Geldwäscherichtlinie zugrunde liegt, sind Kreditinstitute auch in Deutschland als wichtige Kapitalssammelstellen, Intermediäre im Zahlungsverkehr und kraft der Risikohaltigkeit ihrer angebotenen Finanzprodukte unter Geldwäschegesichtspunkten stärker als andere Unternehmen in die Verhinderung und Bekämpfung der Geldwäsche einbezogen.

1. Verdachtsanzeigepflicht gemäß § 11 GwG – eine neuartige Kooperationspflicht

Eine Einschränkung des Bankgeheimnisses findet zunächst aufgrund der geldwäscherechtlichen Identifizierungspflichten gegenüber dem Kunden

36 Vgl. Jahresbericht der FATF 2000/2001 (unter <www.fatf-gafi.org> abrufbar).

37 Financial Times vom 2.1.2001 S. 4.

statt, die die Führung anonymer Konten[38] und Depots verunmöglichen sollen. Zunächst aus einem rein fiskalischen Interesse entstanden in Deutschland bereits 1913 nach der Reichsabgabenordnung gesetzliche Regelungen, die den Banken für Konten und Depots Pflichten zur Prüfung der Legitimation des Kunden auferlegten (vgl. § 154 Abs. 2 AO).[39] Daran knüpft das Geldwäschegesetz zum Teil bezüglich der Pflicht zur Kundenidentifizierung (§ 2 Abs. 1 und 2 GwG) und der Feststellung der Identität des wirtschaftlich Berechtigten (§ 8 GwG) an.

Mit der im Geldwäschegesetz verankerten, für das deutsche Recht neuartigen Verdachtsanzeigepflicht (§ 11 GwG) werden den Pflichtigen über die Identifizierungspflichten hinaus nicht nur Auskunftspflichten, sondern auch aktive Informationspflichten gegenüber den zuständigen Strafverfolgungsbehörden bezüglich der Tatsachen auferlegt, die darauf schließen lassen, dass eine Finanztransaktion einer Geldwäsche nach § 261 StGB dient oder im Falle ihrer Durchführung dienen würde.[40] Es versteht sich von selbst, dass diese Kooperationspflicht das Bankgeheimnis in besonderem Maße einschränkt.

§ 11 GwG, der der Umsetzung der in Art. 6 der EU-Geldwäscherichtlinie geregelten Unterrichtungspflicht gegenüber Behörden dient, ist dogmatisch als gewerberechtliche Meldepflicht ausgestaltet.[41] Unter Ausblendung der EU-Geldwäscherichtlinie und der übrigen internationalen Standards wird § 11 GwG hingegen von Herzog[42] als „Strafanzeige im Sinne des § 158 StPO" verstanden. Aufgrund dessen müsse für das anzeigende Institut die Schwelle des Anfangsverdachts im Sinne des § 152 StPO überschritten sein. Die Prüfungspflicht, ob ein Anfangsverdacht vorliegt oder nicht, liegt jedoch

38 Der abgabenrechtliche Grundsatz der Kontenwahrheit schließt die Eröffnung von Konten aufgrund eines falschen oder erdichteten Namens aus.

39 Die Pflicht zur Legitimationsprüfung wird durch eine Auskunftssicherungspflicht und Registrierungspflicht ergänzt (§ 154 Abs. 2 Satz 1 und 2 AO).

40 Durch das Geldwäschebekämpfungsgesetz wurde § 11 Abs. 1 GwG insofern erweitert, als gemäß Satz 2 nunmehr auch solche Tatsachen angezeigt werden sollen, die darauf schließen lassen, dass eine Finanztransaktion der Finanzierung einer inländischen oder ausländischen terroristischen Vereinigung dient (vgl. im einzelnen *Höche*, Bekämpfung von Geldwäsche und Terrorfinanzierung (2003), 25 ff.

41 *Findeisen*, wistra 1997, 121 (123).

42 *Herzog* WM 1999, 1905, 1914; vgl. auch *Lange/Höche*, WM 2003, 1655.

ausschließlich bei den Ermittlungsbehörden. An diesem Grundsatz ändert die Schaffung des § 11 GwG nichts. Diese Pflicht kann nicht auf private Institute, darunter Banken, abgewälzt werden.[43]

Hinzu kommt, das diese neuartige Kooperationspflicht Privater[44] gegenüber den Ermittlungsbehörden auf die Übermittlung von Informationen zugeschnitten ist, denen lediglich Auffälligkeiten und Ungewöhnlichkeiten im finanz- und banktechnischen Sinn zugrunde liegen müssen, die auf Geldwäsche hindeuten. Die Schwelle, die die Verdachtsanzeigepflicht entstehen lässt, ist deshalb erheblich niedriger anzusetzen als das Vorliegen eines Verdachts im Sinne des § 152 StPO. Dies folgt auch aus dem durch das Geldwäschebekämpfungsgesetz eingefügten § 11 Abs. 8 GwG, der eine Meldepflicht einzelner „typisierter" Finanztransaktionen im Verordnungswege einführt, die „kraft Fiktion" als verdächtig gelten. Damit trägt der Gesetzgeber (ebenso wie der Richtliniengeber auf EU-Ebene) dem Umstand Rechnung, dass der Bankmitarbeiter Verdachtsanhaltspunkte nur aufgrund seiner Qualifikation als „Banker", nicht jedoch als in strafrechtlich und kriminalistisch ausgebildeter „Fahnder" bewerten kann.

Welcher Sachverhalt gemäß § 11 Abs. 1 GwG anzuzeigen ist, obliegt unter den tatbestandlichen Voraussetzungen dieser Norm der Subsumtion des Pflichtigen, dem bei der Bewertung von Anhaltspunkten für Geldwäsche nach der Verwaltungspraxis der Bundesanstalt für Finanzdienstleistungsaufsicht insoweit ein Beurteilungsspielraum einzuräumen ist.

2. *Proaktive Aufklärungs- und Recherchepflichten führen zu einem Paradigmenwechsel bei der Geldwäscheprävention*

In ähnlicher Weise wie die Verdachtsanzeigepflicht (§ 11 Abs. 1 GwG) können die neuen durch das 4. Finanzmarktförderungsgesetz im Jahr 2002 eingeführten proaktiven Aufklärungs- und Recherchepflichten zur Minimierung von internen Geldwäscherisiken im Organisationssystem einer Bank (§ 25a Abs. 1 Nr. 4 KWG) in das Bankgeheimnis eingreifen.

---

43 So richtig *Scherp*, WM 2003, 1256 mit weiteren Nachweisen (Fußnote 30).

44 Vgl. *Ohler*, Europäische Kapital- und Zahlungsverkehrsfreiheit 2002, GeldwäscheRL Art. 6 Rdn. 1; *Findeisen*, wistra 1997, 121 (123).

Durch diese Norm sollen Geldwäscherisiken durch institutsinterne Maßnahmen der Kreditinstitute minimiert werden. Institute sind verpflichtet, adäquate interne Sicherungssysteme und ein spezifisches Risikomanagement gegen Geldwäsche und Finanzbetrug zu schaffen. Die im Rahmen der Erfüllung dieser Vorschrift nötigen kunden- und kontenbezogenen, edv-gestützten Recherchesysteme sollen die Voraussetzungen für ein im eigenen Interesse der Institute liegendes hinreichendes Risikomanagement schaffen, das den Instituten helfen soll, Rechts- und Reputationsrisiken, die aus einer Verwicklung in Geldwäsche- oder Terrorismusfinanzierungsaktivitäten gerade im weitgehend intransparent gewordenen Massengeschäft entstehen können, weitestgehend zu vermeiden. Es stellt damit eine „Selbstschutzmaßnahme" der Banken dar, die im eigenen Interesse der auf Integrität und ein positives Image angewiesenen Kreditinstitute steht. Obwohl diese Verpflichtung mit dem „Screenen" von Konten und der Schaffung von Kundenprofilen einhergeht, haben diese bankinternen Maßnahmen – anders als die Verdachtsanzeigepflicht gemäß § 11 Abs. 1 GwG – nicht zum Ziel, hoheitliche Aufgaben im Vorfeld der Strafverfolgung auf die Institute zu verlagern und verdachtsrelevante Sachverhalte aus dem Datenbestand einer Bank für die Ermittlungsbehörden herauszudestillieren.

Hintergrund dieser gesetzlichen Anforderungen ist die Zunahme der Automatisierung im arbeitsteilig organisierten Massengeschäft und die Schaffung neuer Vertriebswege, was zu einem grundsätzlichen Erkennungsproblem für geldwäscheträchtige Sachverhalte geführt hat. Bei diesen Transaktionen können Anhaltspunkte zur Geldwäsche von den Instituten nur noch schwer festgestellt werden.

Inhalt und der Wortlaut des § 25a Abs. 1 KWG orientieren sich eng an den internationalen Standards des Baseler Ausschusses für Bankenaufsicht und den von ihm für die Geldwäscheprävention und zur Minimierung des Finanzbetrugs im Oktober 2001 formulierten Vorgaben („Customer Due Diligence", Grundsatz 15 der Baseler Aufsichtsgrundsätze). Diese „Customer Due Diligence"-Standards wurden inzwischen auch von der FATF in ihren unter deutscher Präsidentschaft im Juni 2003 in Berlin verabschiedeten 40 Empfehlungen übernommen

Diese neuen Standards beinhalten einen Paradigmenwechsel bei der internationalen Geldwäscheprävention. Der damit verbundene Wechsel von der Erfüllung formaler Pflichten hin zu einem risikoorientierten Ansatz darf in seiner Bedeutung nicht unterschätzt werden. Banken sind nunmehr gesetzlich verpflichtet, ihre Kunden, insbesondere bei höheren Risikokategorien nach bestimmten Risikofaktoren zu durchleuchten. Dabei kommt auf die Institute anstelle staatlicher Aufsichtsinstitutionen auch die Verpflichtung zur Definition dieser Risiken und von Risikokriterien sowie im Detail der Risikogewichtung etwa der Kundenprofile für politically exposed persons (PEPs) zu.

Der risikoorientierte Ansatz macht einen Unterschied zwischen dem Verfahren, das bei Aufnahme der Geschäftsziehungen anzuwenden ist, und demjenigen, das für die Überwachung einer laufenden Geschäftsbeziehung Gültigkeit hat. Bei der Aufnahme der Geschäftsbeziehung steht die formale Identifikation des Kunden und des wirtschaftlich Berechtigten – was seinen Niederschlag auch im Geldwäschegesetz gefunden hat – stärker im Vordergrund als bei der Überwachung der laufenden Geschäftsbeziehung. Bei der Überwachung der laufenden Geschäftsbeziehung wird das Identifizierungs- und Dokumentationsmoment zugunsten der – erheblich arbeitsintensiveren – Verifikation hingegen in den Hintergrund gedrängt. Damit trägt der risikoorientierte Ansatz der Tatsache Rechnung, dass Risikoindikatoren regelmäßig erst nach einiger Zeit durch Überwachung einer Geschäftsbeziehung auftreten und mit der Schaffung eines Risikoprofils über den Kunden einher gehen.

Das Konzept des internen „Customer Due Diligence“-Risikomanagements ist im Bereich der Geldwäsche für die Institute von Vorteil, weil es ihnen im Kern eine beim früheren „Rule based approach“ nur eingeschränkt mögliche Flexibilität und Verantwortung bei der Modellierung des internen Konzepts gegen Geldwäsche und der Überwachung der einzelnen Kundenbeziehungen zuweist.

Dieser Ansatz erlaubt es der einzelnen Bank, insbesondere bei der Sparte des Retailgeschäfts, die Pflichten für die Überwachung einzelner als risikoarm analysierter Kunden- und Geschäftsbeziehungen zu beschränken. In anderen Geschäftsbeziehungen müssen hingegen routinemäßig neben der formellen Identifikation des Kunden bzw. der Feststellung und Identifikation des wirtschaftlich Berechtigten weitere Abklärungen durchgeführt werden, die für die Erstellung eines Kundenprofils erforderlich sind. Hierzu gehört die Analyse der konkreten Geschäftstätigkeit des Kunden und die Abklärung der Herkunft der vom Kunden eingebrachten Vermögensgegenstände.[45]

---

45 Für die Finanzierung des Terrorismus hat die Ersetzung des „Rule based approach“ durch den „Risk based approach“ hingegen wenig Auswirkungen. Hier ist das Institut nach wie vor auf klare staatliche Vorgaben hinsichtlich ver-

Nach dem neuen „Customer Due Diligence"-Ansatz muss dass Risikoprofil eines Kunden mit dem Transaktionsmuster des Kunden regelmäßig und IT-unterstützt verglichen werden („Profiling"). Sobald Anzeichen für Ungewöhnlichkeiten vorliegen, sind in allen Geschäftssparten zusätzliche Abklärungen („increased diligence") erforderlich. Welche Maßnahmen zu ergreifen sind, ist grundsätzlich Sache des einzelnen Instituts und liegt in dessen Beurteilungsspielraum. Im Wege der Systemprüfung überzeugt sich die Bankenaufsicht lediglich davon, dass ein solches System den organisatorischen Anforderungen des § 25a KWG an das Risikomanagement der Bank genügt.[46] Eine vollumfängliche Rasterung aller Kundendaten und die Weitergabe kundenbezogener Informationen an die Aufsicht oder sonstige staatliche Stellen ist mit dem Aufbau interner Sicherungssysteme hingegen nicht verbunden.

Feste und verbindliche Regelungen von Aufsichtsseite für den „Customer Due Diligence"-Prozess gibt es nur für bestimmte Risikomuster. Hierunter fallen beispielsweise politically exposed persons (PEPs), das Private Banking und das Correspondent Banking. Bei der Definition von Risikokategorien sind grundsätzlich

- geographische Faktoren
- bei natürlichen Personen, Herkunftsland, Ort der geschäftlichen Aktivitäten
- bei juristischen Personen: Der Sitz (risikosteigerend sind z.B. Offshore Financial Centres)
- persönlichen Kriterien (politically exposed persons-PEPs)
- geschäftsbezogene Kriterien
- produktbezogene Faktoren

zu berücksichtigen.

3. § 25a Abs. 1 Nr. 4 KWG verstößt nicht gegen das Datenschutzrecht

Der dem GWG und namentlich § 25a Abs. 1 Nr. 4 KwG in Umsetzung internationaler Standards zugrunde liegende, neuartige Ansatz der gewerberecht-

---

dachtssindizieller Sachverhalte und die Benennung mutmaßlicher Terroristen angewiesen.

46 Vgl. hierzu *Auerbach/Schmid*, Die Wirtschaftsprüfung (WPg) 2003, 1243 ff.

lichen Strukturprävention wird von Vertretern eines tradierten, rein repressiv ausgerichteten Ansatzes (Herzog) nur schwer in Einklang mit unserem Rechtssystem gebracht. In diesem Zusammenhang werden Gefahren für das Bankgeheimnis aus der „Vereinnahmung der Banken in den staatlichen Ermittlungs- und Verfolgungmechanismus“ gesehen.[47] Geldwäscheverhinderung und „customer due diligence policy“ werden jedoch von den beiden EU-Geldwäscherichtlinien und den Standards der FATF, soweit sie den Finanzsektor betreffen, als eine vordringlich eigenen Zwecken der Institute dienende Aufgabe begriffen, die mit staatlicher Kriminalitätsbekämpfung nur mittelbar etwas zu tun hat.[48]

Durch die Schaffung der in § 25a Abs. 1 Satz 4 KWG und § 14 Abs. 2 Satz 2 GwG enthaltenen Verpflichtung der Institute, angemessene geschäfts- und kundenbezogene Sicherungssysteme und Kontrollen zur Verhinderung der Geldwäsche, der Finanzierung terroristischer Vereinigungen und gegen betrügerische Handlungen zu Lasten des Instituts vorzuhalten, ist eine Rechtsgrundlage für das von der deutschen Bankenaufsicht schon seit 1998 von den Banken geforderte und bisweilen heftig kritisierte edv-gestützte Kunden- und Kontenmonitoring („aktive Aufklärungspflicht“) als Teil einer konsequenten „Customer Due Diligence“-Politik“ in der Bank geschaffen worden, das der Kritik des tradierten-repressiven Ansatzes, es handele sich bei diesen Maßnahmen um datenschutzrechtlich fragwürdige Maßnahmen, endgültig den Boden entzieht.[49] Der Bundesdatenschutzbeauftragte bezeichnet diese Norm in seinem jüngst erschienen Tätigkeitsbericht 2001 – 2002 als durchaus akzeptabel.[50]

Mit den bei der Bank aufgrund des Bankvertrages vorhandenen Daten des Kunden darf das Institut arbeiten, um Geldwäscherisiken, die sich in Reputations- Organisations- und Rechtsrisiken für das einzelne Kreditinstitut niederschlagen können, zu minimieren und aufgrund des Einsatzes von „Parametern“ auffällige bzw. ungewöhnliche Transaktionen und Kundenbeziehungen, die der bankinternen Überwachung bedürfen, erkennen zu können.

---

47 *Weber* (Fn. 9) 89.

48 *Findeisen*, WM 1998, 2410, (2419).

49 So *Scherp* (Fn. 43) 1257.

50 Der Bundesbeauftragte für den Datenschutz, Tätigkeitsbericht 2001-2002, 19. Tätigkeitsbericht Rdn. 10.2.1, S. 67.

Bei diesen Maßnahmen handelt es sich nicht um eine Rasterfahndung i.S.d. § 98a StPO. Banker werden insoweit nicht als Fahnder oder Hilfsbeamte der Staatsanwaltschaft tätig. Das Monitoring von Geschäfts- und Kundenbeziehungen dient nicht primär der Kriminalitätsbekämpfung, sondern der Verhinderung des Missbrauchs des einzelnen Kreditinstituts durch Geldwäsche. In diesem Zusammenhang werden Banker nicht als Fahnder tätig. Sie handeln vielmehr in diesem Zusammenhang als verantwortungsbewusste Risikomanager ihres Hauses.

4. Automatisiertes Abrufsystem für Kontenstammdaten (§ 24c KWG)

Datenschutzrechtliche Probleme werden in der juristischen Literatur auch im Zusammenhang mit der Schaffung des § 24c KWG gesehen.[51] Diese Norm, die Teil des 4. Finanzmarktförderungsgesetz ist, ist am 1. April 2003 in Kraft getreten. Sie wird als wesentlichste Neuerung zur Bekämpfung der Finanzierung des Terrorismus und der Geldwäsche in den letzten Jahren bezeichnet.[52]

Mit dieser Norm wurde ein modernes, kontenbezogenes Datenabrufsystem geschaffen, das der Bundesanstalt für Finanzdienstleistungsaufsicht (BaFin) den Abruf von Kontenstammdaten bei den Kreditinstituten in automatisierter Weise ermöglicht. Mit dieser Regelung wird die Bankenaufsicht insbesondere in die Lage versetzt, die Terrorismusfinanzierung sowie die Geldwäsche, das illegale Schattenbankenwesen und das unerlaubte Betreiben von Bank- und Finanzdienstleistungsgeschäften effektiver durch zentral durchgeführte Recherchearbeiten zu bekämpfen. Zu diesem Zweck sind die Kreditinstitute verpflichtet,

- Konto-/Depotnummer
- Tag der Errichtung und Auflösung
- Namen und Geburtsdatum des Inhabers und des Verfügungsberechtigten

---

51 *Herzog*, WM 2003, 6 ff.; *Zubrod*, WM 2003, 1210 ff. Die Kritik von Zubrod basiert auf der Behauptung, die praktische Funktion des § 24c KWG bestehe „ausschließlich in der Bekämpfung der Steuerhinterziehung". Diese Vermutung wird weder durch die Rechtslage noch durch den tatsächlichen Anwendungsbereich des § 24c KWG gestützt.

52 *Höche* (Fn. 40) S. 39.

- sowie Namen und Anschrift eines abweichend wirtschaftlich Berechtigten

bei Konten und Depots zu erfassen.

Es muss gewährleistet sein, dass die BaFin jederzeit auf diese Daten zugreifen kann, ohne dass solche Abrufe dem Kreditinstitut zur Kenntnis gelangen. Der Datenabruf ist zulässig, soweit dies zur Erfüllung der aufsichtlichen Aufgaben nach dem KWG oder dem Geldwäschegesetz (GwG) erforderlich ist und besondere Eilbedürftigkeit im Einzelfall vorliegt.

Darüber hinaus sind Finanzmarktaufsichtsbehörden in Drittstaaten, Ermittlungsbehörden und Gerichte sowie die bei Beschränkungen des Kapital- und Zahlungsverkehrs nach dem Außenwirtschaftsgesetz zuständigen nationalen Behörden als sog. Bedarfsträger berechtigt, Auskunftsersuchen an die BaFin zu richten. Für steuerliche Zwecke kann jedoch das bei der BaFin etablierte Abrufsystem nicht genutzt werden.[53]

Das Datenabrufsystem weist Ähnlichkeiten mit einer Kontenevidenzzentrale auf, wie sie einige europäische Staaten (Frankreich) insbesondere zur Bekämpfung der Steuerhinterziehung bereits besitzen.

Auf der Konferenz der Parlamente der Europäischen Union am 7./8. Februar 2002 in Paris hatten sich die Teilnehmer einhellig für die Einrichtung eines zentralen Bankkonto-Registers zum Zwecke einer effektiveren Geldwäschebekämpfung ausgesprochen.

Das Online-Abrufsystem flankiert das bereits auch bezüglich kontenbezogener Daten bestehende uneingeschränkte Auskunftsrecht der BaFin gegenüber den Banken gemäß § 44 Abs. 1 KWG. Dieses muss aber jeweils einzelfallbezogen durch Auskunftsersuchen bei den Instituten ausgeübt werden.

Dieses Verfahren hat sich jedoch angesichts des damit verbundenen großen personellen und zeitlichen Aufwands bei „Massenabfragen“ als ineffizient und nicht mehr zeitgemäß erwiesen. Das Auskunftsrecht muss nach § 44 Abs. 1 KWG jeweils einzelfallbezogen durch Auskunftsersuchen bei allen 2400 in Deutschland lizensierten Kreditinstituten ausgeübt werden. Als problematisch galt nach der früheren Rechtslage überdies, dass über den Weg

53 Durch das Gesetz zur Förderung der Steuerehrlichkeit vom 23.12.2003 (BGBl. 2003, 2928) wird jedoch ab dem 1. April 2005 durch Änderung des § 93b Abgabenordnung eine Abfragemöglichkeit der Finanzbehörden über das Bundesamt für Finanzen bezüglich der von Kreditinstituten gemäß § 24c Abs. 1 KWG zu führenden Datei geschaffen.

dieses an alle Institute gerichteten Auskunftsersuchens sensible, personenbezogene Daten an in ihrer Mehrzahl nicht betroffene Stellen gelangten. Der auf § 24c KWG gestützte Zugriff ist hingegen technisch so konzipiert, dass die Banken einen Abruf durch die BaFin nicht zur Kenntnis nehmen können. Dadurch soll ein Diskriminierungseffekt im Verhältnis Kreditinstitut und Kunde bei noch ungesicherten Sachverhalten vermieden werden.

Nunmehr ist das Konten-Abfrageverfahren durch ein Zusammenspiel von § 24c und § 44 KWG optimiert. Im Wege des automatisierten Abrufs gemäß § 24c KWG kann binnen kürzester Zeit festgestellt werden, bei welchen Kreditinstituten eine bestimmte Person Kontoverbindungen unterhält.

Gerade die Zeitersparnis ist ein entscheidender Vorteil im Vergleich zur herkömmlichen Verfahrensweise. Nur durch eine unmittelbare Abfragemöglichkeit können Gelder von Verdächtigen sofort sichergestellt oder eingefroren werden. Dies gilt insbesondere für die Umsetzung von EU-Maßnahmen bzw. Finanzsanktionen des Sicherheitsrates der Vereinten Nationen gegen die Finanzierung des Terrorismus. Um diesen nachzukommen, ist es insbesondere erforderlich, dass auf Konten oder Depots vorhandene Gelder von Personen, Organisationen und Gruppen unverzüglich eingefroren werden. Während die betreffenden Sanktionsbeschlüsse immer unmittelbar am Tage ihrer Veröffentlichung in Kraft treten, konnte in Deutschland bislang nicht zeitnah reagiert werden. Daher bestand die Gefahr, dass Abverfügungen stattfinden, bevor das Kreditinstitut von der Sanktion Kenntnis erhält und damit die Sanktionsmechanismen gegen mutmaßliche Terroristen unterlaufen werden. Auch trägt der automatisierte Kontoabruf den Erfordernissen der internationalen Zusammenarbeit Rechnung. Insbesondere in Fällen von Rechtshilfeersuchen ist eine zeitnahe Bearbeitung unerlässlich.

Bei der Entwicklung des neuen Abrufsystems ist zunächst auch die Einrichtung einer Kontenevidenzzentrale erwogen worden. Das Register hätte Daten über alle in Deutschland geführten Konten enthalten. Es wäre aber mit einem ungleich höheren Aufwand verbunden als das Abrufverfahren. Die Banken müssten sämtliche Kontodaten nicht nur vorhalten, sondern stets auch an das Zentralregister melden. Die BaFin als Register führende Stelle hätte Unmengen von Daten zu verwalten und jeweils auf Meldung der Banken hin zu aktualisieren. Praktikabler ist es daher, dass die Banken selbst für ihren Bereich die Daten vorhalten und die BaFin bei Bedarf einzelne Daten abfragt.

5. *Vereinbarkeit mit dem Datenschutz*

Auch im Hinblick auf den Datenschutz bietet das neue Verfahren Vorteile gegenüber einem Registersystem. Das Registersystem hätte zur Folge, dass Daten über sämtliche Bankkonten bei der Aufsichtsbehörde erfasst und verknüpft werden könnten. Dadurch würde die BaFin Kenntnis auch solcher Daten erhalten, die sie zur Erfüllung ihrer aufsichtlichen Aufgaben überhaupt nicht benötigt. Dies wäre mit dem Gebot der restriktiven Verwendung personenbezogener Daten kaum vereinbar.

Das bisherige Verfahren war gerade bei der Bekämpfung der Finanzierung des Terrorismus in datenschutzrechtlicher Hinsicht ebenso problematisch. Durch die Versendung von Namenslisten gelangten personenbezogene und hochsensible Daten an rund 2.400 verschiedene Stellen. Trotz des ausdrücklichen und mehrfachen Hinweises auf die absolute Geheimhaltungsbedürftigkeit erhielt teilweise sogar die Presse Kenntnis von den gelisteten Namen. Mit dem neuen Verfahren wird die Möglichkeit der Kenntnisnahme durch die Kreditinstitute ausgeschlossen. Lediglich die Kreditinstitute, die auch tatsächlich Konten für gesuchte Personen führen, erhalten durch die weitergehenden Maßnahmen der Aufsichtsbehörden, wie z.B. Kontensperrung, zwangsläufig Kenntnis von den personenbezogenen Daten.

In § 24c Abs. 4 KWG ist darüber hinaus vorgesehen, dass für Zwecke der Datenschutzkontrolle innerhalb der BaFin bei jedem Abruf eine Protokollierung folgender Vorgangsdaten erfolgt:

- Zeitpunkt
- beim Abruf verwendete Daten
- Ergebnisdaten
- abrufende Person
- Aktenzeichen
- ggf. ersuchende Stelle und deren Aktenzeichen

Durch § 24c Abs. 6 KWG sind die Kreditinstitute und die BaFin angehalten, dem jeweiligen Stand der Technik entsprechende Maßnahmen zur Sicherstellung von Datenschutz und Datensicherheit zu treffen, sodass auch bei der Übermittlung der Daten die Vertraulichkeit gewahrt ist. Eine moderne Verschlüsselungstechnik führt dazu, dass eine Ähnlichkeitssuche innerhalb desselben Suchvorgangs nicht möglich ist. Dadurch werden Auskunftsersuchen nur nach dem exakten Wortlaut der Abfragedaten bearbeitet. Eine Preisgabe ähnlicher Daten ist damit ausgeschlossen. Der Bundesdatenschutzbeauftragte war am Gesetzgebungsverfahren zu § 24c KWG aktiv beteiligt. Er vertritt die Auffassung, dass das Abrufsystem gemäß § 24c KWG nicht gegen datenschutzrechtliche Bestimmungen oder das Recht auf informationelle Selbstbestimmung verstößt.

VII. Ergebnis

Die Frage nach dem Verhältnis der staatlichen Maßnahmen gegen die Geldwäsche und dem Bankgeheimnis lässt sich im Ergebnis relativ leicht beantworten:

1. Die nach den Ereignissen des 11.9.2001 bisweilen in der politischen Diskussion artikulierte Forderung nach „Abschaffung des Bankgeheimnisses für eine verbesserten Bekämpfung der Geldwäsche und der Finanzierung des Terrorismus“ geht ins Leere. Nach deutscher Rechtslage steht das Bankgeheimnis der Implementierung des gesetzlichen Instrumentariums zur Bekämpfung und Verhinderung der Geldwäsche und der Finanzierung des Terrorismus in keinem Falle entgegen.

   Finanzmarktaufsichtsbehörden und Ermittlungsbehörden werden bei der Erfüllung der Ihnen nach dem Geldwäschegesetz und anderer geldwäscherechtlichen Vorschriften obliegenden Pflichten durch das privatrechtliche Bankgeheimnis nicht behindert.

2. Aufgrund gesetzlicher geldwäscherechtlicher Bestimmungen, die den Instituten spezifische Handlungspflichten auferlegen, die über reine Auskunftspflichten hinausgehen („Verdachtsanzeigepflicht“), darf (und muss) die Bank den Bankkunden betreffende Informationen unter den gesetzlichen Voraussetzungen an staatliche Stellen weitergeben. Darüber hinaus wird das Institut durch das Bankgeheimnis nicht daran gehindert, bankintern proaktive Aufklärungs- und Recherchepflichten bezüglich Sachverhalten zu erfüllen, die geldwäscherelevant sein können. Der Gesetzgeber hat auch zukünftig die Möglichkeit, Gesetze zu erlassen, die im Zusammenhang mit der Herstellung von Transparenz einzelner Transaktionen und von Kundenbeziehungen die Kreditinstitute berechtigen und verpflichten, im Einzelfall Auskunft gegenüber staatlichen Stellen zu erteilen.

3. Das Bankgeheimnis beinhaltet weder für den Kunden und erst recht nicht für die Bank ein Abwehrrecht gegenüber staatlichen Maßnahmen im Bereich der Geldwäscheprävention. Die Bedeutung des Bankgeheimnisses als Instrument der Sicherstellung der Einhaltung der Verschwiegenheit zugunsten des Bankkunden manifestiert sich deshalb heutzutage in erster Linie gegenüber einem privaten Dritten, nicht jedoch gegenüber dem Staat.

Bankgeheimnis und Geldwäscherei

Dr. Werner de Capitani, Rechtsanwalt
Herrliberg, Schweiz

I. Zum Bankkundengeheimnis

II. Zur Geldwäschereibekämpfung

III. Bankgeheimnis und Geldwäscherei

I. Zum Bankkundengeheimnis

1. Das Bankkundengeheimnis ist ein Berufsgeheimnis. Berufsgeheimnisse beziehen sich, verkürzt ausgedrückt, auf Informationen, die der Beauftragte bei der Erfüllung seiner vertraglichen Verpflichtungen über den Auftraggeber erhält. Eine gewisse Diskretionspflicht gibt es bei allen rechtsgeschäftlichen Beziehungen.[1] Sie verdichtet sich zu einer Geheimhaltungspflicht, wenn zwischen den Parteien ein Vertrauensverhältnis besteht, das dem Beauftragten Einblick in die Geheimsphäre des anderen verschafft.[2] Bei Angehörigen von Berufsgattungen, die erfahrungsgemäß Einzelheiten aus dem Geheimbereich ihrer Kunden erfahren, verleiht der Gesetzgeber der Geheimhaltungspflicht Nachdruck, indem er ihre Verletzung unter Strafe stellt. Das gilt für Rechtsanwälte, Notare, Ärzte, Geistliche und andere mehr (Art. 321 StGB), in der Schweiz aber auch für den Bankier.[3] Als Geheimnisse gelten Informationen, „die relativ unbekannt sind und an deren Geheimhaltung für den Geheimnisherrn ein berechtigtes Interesse besteht, das er gewahrt wissen

---

1 *Walter Fellmann*, Berner Kommentar zu OR 394-406 (1992) OR 398 N. 56 f.; *Wolfgang Wiegand*, Basler Kommentar zum OR Band I (2. Aufl., 1996) Einleitung zu OR 97-109 N. 5 f.

2 *Fellmann* (Fn. 1) OR 398 N. 40 ff, 49; Rolf H. Weber, Basler Kommentar zum OR Band I OR 398 N. 11.

3 Art. 47 des Bankengesetzes (BankG). Text im Anhang.

will"[4] und die „in einer sicheren Beziehung zur Ausübung seines [des Geheimhaltungspflichtigen] Berufs stehen".[5]

2. Im Kapitel über die *Grundrechte* und unter dem Titel *Schutz der Privatsphäre* garantiert die schweizerische Bundesverfassung in Art. 13 jeder Person den Anspruch auf Achtung ihres Privatlebens und auf Schutz vor Missbrauch ihrer persönlichen Daten. Grundrechte müssen auf Gesetzesstufe konkretisiert werden (Art. 35 I BV). Unmittelbaren Ausdruck findet der Schutz der Privatsphäre in den Bestimmungen des Zivilgesetzbuches (ZGB) über den *Schutz der Persönlichkeit* (Art. 27 ff). Zu den geschützten Persönlichkeitsrechten gehört der Anspruch auf Wahrung der Geheimsphäre. Ihr zuzuordnen sind Bankkundendaten.[6] Ebenso wenig wie die übrigen Berufsgeheimnisse ist das Bankkundengeheimnis ein Grundrecht; immerhin sollen die Behörden dafür sorgen, „dass Grundrechte ... auch unter Privaten wirksam werden" (Art. 35 III BV).[7]

3. Mit einem Teilaspekt des Schutzes der Privatsphäre, nämlich mit der Bearbeitung von Personendaten, befasst sich das *Datenschutzgesetz.*

4. Sodann ist das Bankkundengeheimnis *Bestandteil des Vertrags* zwischen der Bank und ihrem Kunden. Einen einheitlichen Bankvertrag[8] kennt das

---

4 *Günther Stratenwerth*, Strafrecht BT II (5. Aufl., Bern 2000), 377 N. 5; vgl. *Niklaus Oberholzer*, Basler Kommentar zum StGB, Band II (2003), StGB 321 N. 10 f.

5 Pra [Praxis des Bundesgerichts] 1996 Nr. 197 S.748; BGE [Amtliche Sammlung der Entscheidungen des Schweizerischen Bundesgerichts] 117 (1992) Ia 349 E.bb; *Stratenwerth* (Fn. 4) 382 N. 18; *Oberholzer* (Fn. 4) StGB 321 N. 11 f.

6 *Maurice Aubert/Pierre-Andre Beguin/Paolo Bernasconi/Johanna Graziano-Von Burg/Renate Schwob/Raphael Treuillaud*, Le secret bancaire suisse (3. Aufl., Bern 1995) 44 f; *Daniel Bodmer/Beat Kleiner/Benno Lutz*, Kommentar zum Bundesgesetz über die Banken und Sparkassen (Zürich, periodisch nachgeführt) BankG 47 N. 2, 7.

7 Bedeutung: Bei der Auslegung unbestimmter Rechtsbegriffe sind die Grundrechte heranzuziehen (verfassungskonforme Auslegung). *Ulrich Häfelin/Walter Haller*, Schweizerisches Bundesstaatsrecht (5. Aufl., Zürich 2001) 89 N. 287 f:; *Rainer J. Schweizer*, St.Galler Kommentar zur schweizerischen Bundesverfassung (2002) BV Art. 35 N. 19 ff.

8 Einen solchen hat Hopt bereits 1987 vorgeschlagen; *Klaus J. Hopt*, Rechtsprobleme der Anlageberatung und der Vermögensverwaltung der Schweizer

Schweizer Recht nicht; vielmehr wird ein Nebeneinander von Einzelverträgen angenommen, die aber regelmäßig auftragsrechtliche Elemente aufweisen.[9] Die Verschwiegenheitspflicht des Bankiers leitet sich denn auch aus einer Generalklausel des Auftragsrechts ab.[10] Nicht zuletzt weil die Geheimhaltungspflicht auch dann gelten soll, wenn ein Vertrag nicht zustande kommt oder nicht mehr besteht, wird immer häufiger die Schweigepflicht als allgemeine, dem Schutz der Beteiligten dienende und aus dem Gebot des Handelns nach Treu und Glauben (Art. 2 I ZGB) abzuleitende Verhaltenspflicht betrachtet.[11]

5. Im Bankbereich ist der Begriff des Geheimnisses weit zu fassen. Grundsätzlich ist die Bank zur Geheimhaltung aller anfallenden Informationen verpflichtet, insbesondere auch über die Tatsache des Bestehens oder Nichtbestehens einer Geschäftsbeziehung. Maßgebend ist der Wille des Kunden, der nach dem Vertrauensprinzip zu ermitteln ist. Die Vermutung spricht für einen umfassenden Geheimhaltungswillen.[12]

6. Die *Verletzung* des Bankkundengeheimnisses kann *verwaltungsrechtliche* Folgen haben: In einem äußerst krassen Fall kann die eidgenössische Bankenkommission als Aufsichtsbehörde der Bank die Bewilligung zur Geschäftstätigkeit entziehen (Art. $23^{quinquies}$ BankG); allenfalls kann sie der Bank eine Rüge erteilen oder die Entfernung des verantwortlichen leitenden Mitarbeiters verlangen. *Zivilrechtlich* kann die Bank aus unerlaubter Handlung haftbar gemacht (Art. 41 und 49 OR) oder auf Schadenersatz belangt werden (Art. 97 ff OR). In *strafrechtlicher* Hinsicht riskiert der fehlbare Mitarbeiter eine Gefängnisstrafe bis zu sechs Monaten oder eine Buße bis zu

---

Banken, in: Beiträge zum schweizerischen Bankenrecht, hrsg. von Rudolf v.Graffenried (Bern 1987) 135 ff.

9 *Fellmann* (Fn. 2) OR 398 N. 429 f.

10 Nach Art. 398 II OR haftet der Beauftragte für getreue und sorgfältige Ausführung des ihm übertragenen Geschäftes. Die Treuepflicht schließt die Verschwiegenheitspflicht ein. *Fellmann* (Fn. 2) OR 398 N. 40 ff; *Aubert* et al. (Fn. 6) 50.

11 *Aubert* et al. (Fn. 6) 51; *Heinrich Honsell*, Basler Kommentar zum ZGB (2. Aufl., 2002) ZGB 2 N. 16 f; Fellmann (Fn. 2) OR 398 N. 45.

12 *Aubert* et al. (Fn. 6) 91 f.; *Bodmer/Kleiner/Lutz* (Fn. 6) BankG 47 N. 4.

CHF 50.000 (Art. 47 BankG). Die Tat wird von Amtes wegen verfolgt.[13] Auch die fahrlässige Tatbegehung ist strafbar.

7. Eine *Offenbarung* von geschützten Bankkundendaten ist zulässig, wenn ein *Rechtfertigungsgrund* vorliegt. Rechtsfertigungsgründe sind die vom Gesetz gebotene oder erlaubte Offenbarung (Art. 32 StGB, Art. 28 II ZGB), allenfalls Notwehr (Art. 33 StGB, Art. 52 I OR) oder Notstand (Art. 34 StGB, Art. 52 II OR) sowie die Einwilligung des Verletzten und die schwer greifbare Wahrnehmung berechtigter Interessen (Art. 28 II ZGB). Im Vordergrund stehen einerseits die Einwilligung des Verletzten, d.h. die Zustimmung des Kunden zu einer Auskunftserteilung, andererseits die vom Gesetz gebotene Offenbarung. Ein nicht nur von Kriminalromanschriftstellern übersehener Tatbestand dieser Art findet sich in Art. 47 Ziff.4 BankG: Diese Bestimmung räumt den prozessualen Zeugnis- und Auskunftspflichten den Vorrang ein vor der Schweigepflicht. In der Praxis bedeutet das (wobei die helvetische Vielfalt etwas vereinfacht dargestellt wird): Keine der rund 30 Strafprozessordnungen des Bundes und der Kantone räumt dem Bankier ein Zeugnisverweigerungsrecht ein.[14] Auch im Rechtshilfeverfahren in Strafsachen ist er aussagepflichtig, weil dieses Verfahren nach den strafprozessualen Bestimmungen abgewickelt wird.[15] Im Zivilprozess gibt es einzelne Kantone, in denen der Richter eine Interessenabwägung vornehmen und entscheiden muss, ob das Interesse an der Geheimhaltung oder jenes an der Offenbarung überwiegt; in der Regel besteht aber auch hier Aussagepflicht.[16] Dagegen sind Berufsgeheimnisse im Verwaltungsverfahren geschützt.[17] Sonderregelungen kennt das Steuerrecht. Im Steuerveranlagungsverfahren ist die Bank zur Ausstellung von Bescheinigungen nur dem Steuerpflichtigen gegenüber verpflichtet, nicht aber gegenüber der Steuerbehörde.[18] Einfache Steuerhinterziehung,[19] die nach schwei-

13 Die übrigen strafbewehrten Berufsgeheimnisverletzungen sind als Antragsdelikte ausgestaltet.

14 *Aubert* et al. (Fn. 6) 144 ff.; *Bodmer/Kleiner/Lutz* (Fn. 6) BankG 47 N. 39 ff.

15 *Aubert* et al. (Fn. 6) 491 f:; *Bodmer/Kleiner/Lutz* (Fn. 6) BankG 47 N. 72.

16 *Aubert* et al. (Fn. 6) 133 ff.

17 *Aubert* et al. (Fn. 6) 177; *Bodmer/Kleiner/Lutz* (Fn. 6) BankG 47 N. 43.

18 DBG [Bundesgesetz vom 14.12.1990 über die direkte Bundessteuer] 127 I lit.b und d, 127 II Satz 2; StHG [Bundesgesetz vom 14.12.1990 über die Harmo-

zerischer Ansicht nicht kriminalisiert werden soll, wird in einem von der Steuerbehörde selbst durchgeführten Verwaltungsverfahren verfolgt;[20] eine Auskunftspflicht der Bank entfällt somit. Vermutet die Steuerbehörde einen Steuerbetrug,[21] schaltet sie die ordentlichen Strafverfolgungsbehörden ein. Diese führen das Verfahren nach den strafprozessualen Bestimmungen durch,[22] in welchem der Bankier aussagepflichtig ist.

II. Zur Geldwäschereibekämpfung

8. Im Hinblick auf die Bekämpfung des organisierten Verbrechens sind in der Schweiz mehrere "Maßnahmenpakete" geschnürt worden. Am 1. August 1990 traten die Strafbestimmungen der Geldwäscherei (Art. 305bis StGB) und der mangelnden Sorgfalt bei Geldgeschäften (Art. 305ter Ziff.1 StGB) in Kraft.[23] Am 1. August 1994 wurden das revidierte Einziehungsrecht (Art. 59 ff StGB), das Melderecht von Art. 305bis Ziff.2 StGB[24] und die Bestimmung über das organisierte Verbrechen (Art. 260ter StGB) in Kraft gesetzt. Am 1. April 1998 folgte das Geldwäschereigesetz (GwG), am 1. Mai 2000 das stark erweiterte Korruptionsstrafrecht (Art. 322ter ff StGB). In Bälde ist mit einer Bestimmung zu rechnen, die die juristische Person bei in ihrem Betrieb begangener Geldwäscherei oder Korruption dafür bestraft, dass die Tatbegehung infolge von Organisationsmängeln nicht verhindert wurde. Ferner hat die Schweiz das Übereinkommen des Europarates über Geldwäscherei sowie Ermittlung von Erträgen aus Straftaten vom 8. November 1990 (ÜER)

---

nisierung der direkten Steuern der Kantone und Gemeinden] 43. *Aubert* et al. (Fn. 6) 218 ff; *Bodmer/Kleiner/Lutz* (Fn. 6) BankG 47 N. 45a.

19 Im Prinzip durch unvollständige Deklaration von Einkommen und Vermögen; DBG 175 I, StHG 56 I.

20 DBG 182 IV, StHG 61.

21 DBG 186 und StHG 59: Steuerhinterziehung durch Gebrauch gefälschter, verfälschter oder inhaltlich unwahrer Urkunden. Diese Tatbestände werden auch von der gemeinrechtlichen Urkundenfälschung (StGB 251) erfasst.

22 DBG 188, StHG 61. *Aubert* et al. (Fn. 6) 233 f.; *Bodmer/Kleiner/Lutz* (Fn. 6) BankG 47 N. 49.

23 Beide Normen sind im Anhang wiedergegeben. Sie dürfen nicht als Höhepunkte schweizerischer Gesetzgebungskunst angesehen werden.

24 Kein Straftatbestand, sondern ein Rechtfertigungsgrund, der in erster Linie den Banken ermöglichen sollte, Verdachtsmeldungen zu erstatten.

ratifiziert, und sie beeilt sich jeweils sehr, die Empfehlungen der FATF umzusetzen.

9. Die *Strafnormen* zur Geldwäscherei haben erwartungsgemäß die natürliche Person als Täter im Visier. Strafbar wird, wer die Einziehung von verbrecherisch erworbenen Vermögenswerten vereitelt (Art. 305bis StGB) oder wer Finanzgeschäfte tätigt, ohne den an den involvierten Mitteln wirtschaftlich Berechtigten gebührend zu identifizieren (Art. 305ter StGB). Ist der Täter Angestellter eines Betriebs, stellt sich alsbald die Frage der *Geschäftsherrenhaftung*:[25] Wie weit ist die Tat des Angestellten dem Geschäftsherrn anzulasten? Für den professionellen Finanzdienstleister, den sog. Finanzintermediär,[26] ist die Frage beantwortet: Er ist entlastet, wenn er alle Pflichten erfüllt hat, die ihm das GwG aufbürdet.[27] Bei diesen Pflichten handelt es sich um die auch im EG-Raum größtenteils bekannten[28] *Sorgfalts- und Verhaltenspflichten.*[29] Der markanteste Unterschied zwischen den beiden Regelwerken besteht darin, dass der schweizerische Finanzintermediär verpflichtet

25 *Jürg-Beat Ackermann* StGB Art. 305bis N. 102 ff in: Schmid (Hrsg.), Kommentar Einziehung, organisiertes Verbrechen und Geldwäscherei, Band I (Zürich 1998).

26 Finanzintermediär ist nach GwG 2 ist, wer berufsmäßig Finanzgeschäfte abwickelt (und außerdem die ganz andersartige Spielbank). Finanzgeschäfte sind Bankgeschäfte, das Lebensversicherungsgeschäft und das Forderungsinkasso. *Werner de Capitani* GwG 2 N. 30 ff in: Schmid (Hrsg.) Kommentar Einziehung, organisiertes Verbrechen und Geldwäscherei, Band II (Zürich 2002).

27 Gegenstand des GwG ist denn auch überhaupt nicht die Bekämpfung der Geldwäscherei, sondern die Sicherstellung der Sorgfalt bei der Abwicklung von Finanzgeschäften.

28 Bei näherer Betrachtung ergibt sich, dass diese von der Schweiz übernommen worden sind.

29 GwG 3 (Kundenidentifikation): vgl. Geldwäsche-Richtlinie 91/308 der EG Art. 3 (1)-(4), (6)-(8) und dGwG § 1(5), § 2-7; GwG 4 (Feststellung der wirtschaftlichen Berechtigung): vgl. EG Art.3 (5) und dGwG § 8; GwG 5 (erneute Identifikation oder Feststellung der wirtschaftlichen Berechtigung); GwG 6 (Pflicht zur Abklärung der Hintergründe einer ungewöhnlichen Transaktion oder Geschäftsbeziehung): vgl. EG Art.5; GwG 7 (Dokumentationspflicht): vgl. EG Art.4 und dGwG § 9; GwG 8 (organisatorische Maßnahmen): vgl. EG Art.11, dGwG §14 (2); GwG 9 (Meldepflicht): vgl. EG Art.6 und dGwG § 11; GwG 10 (Vermögenssperre und Informationsverbot): vgl. EG Art. 7 f und dGwG § 11 (1) und (3).

ist, selbst und von sich aus „die wirtschaftlichen Hintergründe und den Zweck einer Transaktion oder einer Geschäftsbeziehung ab[zu]klären, wenn ... sie ungewöhnlich erscheint" (Art. 6 GwG). *Ungewöhnlich* ist ein unbestimmter Rechtsbegriff von größter Unschärfe; er lässt sich aber auf Grund einer langjährigen Praxis der Eidgenössischen Bankenkommission zum Erfordernis der einwandfreien Geschäftstätigkeit der Banken (Art. 3 II lit.c BankG) eingrenzen.[30] Die Ungewöhnlichkeit kann objektiver Natur sein, etwa bei Transaktionen in hohen Beträgen oder bei Geschäftsbeziehungen mit *politically exposed persons.* Subjektiv ungewöhnlich sind beispielsweise Geschäfte, mit denen der Finanzintermediär nicht vertraut ist, weil er sie normalerweise nicht besorgt, die eine auffällige Abweichung vom gewohnten Kundenverhalten aufweisen oder die (unnötig) kompliziert strukturiert sind; subjektiv ungewöhnlich ist die Geschäftsbeziehung mit einer Person, die völlig außerhalb des üblichen Kundenkreises steht. In derartigen Situationen muss der Finanzintermediär mit geeigneten Mitteln die Hintergründe abklären und die gewonnenen Erkenntnisse auf ihre Plausibilität hin überprüfen. Kommt er dabei zu einem begründeten Verdacht oder gar zur Gewissheit, dass die angeschafften Vermögenswerte verbrecherischer Herkunft sind, so muss er der Behörde Meldung erstatten (Art. 9 GwG)[31] und die Vermögenswerte sperren (Art. 10 GwG). Verletzt er die Meldepflicht, so wird er gebüßt (Art. 37 GwG).

10. Dass der Gesetzgeber in diesem höchst delikaten Bereich das Handeln ausgeprägt der Privatwirtschaft überließ, gründet auf den ausgezeichneten Erfahrungen mit einer Eigeninitiative der Banken. Diese hatten sich schon 1977 eine Standesregel gegeben, die die Eröffnung und Führung von Konten und Depots ohne Feststellung des „wahren Berechtigten", die Entgegennahme von Geldern aus strafbaren Handlungen und die Beihilfe zu Kapitalflucht und Steuerhinterziehung als vertragswidrig bezeichnete. Vertrag-

---

30 Zum Folgenden *de Capitani* (Fn. 28) GwG 6 N. 34 ff.

31 Im Jahr 2001 gingen bei der Meldestelle für Geldwäscherei (MROS) 417 Meldungen ein, davon 255 (61 %) von Banken; an die Strafverfolgungsbehörden weitergeleitet wurden 380 (91 %). Betrag der gemeldeten Werte: CHF 2,7 Mrd.
Zahlen für 2002: 652/271 (42 %)/515 (79 %)/CHF 666 Mio. Die Zunahme ist auf unbegründete Meldungen durch *money transmitters* zurückzuführen.

verletzungen waren (und sind) mit einer Buße bis zu CHF 10 Mio. bedroht.[32] Der Erfolg dieser Selbstregulierung veranlasste den Gesetzgeber, das Subsidiaritätsprinzip zu beachten und das System der Selbstregulierung für den ganzen Finanzsektor einzuführen. Das GwG ist als *Rahmengesetz* konzipiert: Die Pflichten des Finanzintermediärs sind nur dem Grundsatz nach festgeschrieben, während ihre Konkretisierung der Selbstregulierung überlassen ist. Einer kontrollierten Selbstregulierung allerdings: Die konkretisierenden Reglemente, die zu erlassen Aufgabe der Selbstregulierungsorganisationen (SRO) ist (Art. 25 GwG), sind genehmigungspflichtig (Art. 18 I lit.c GwG), und die SRO bedarf einer amtlichen Anerkennung (Art. 18 I lit.c und 24 GwG) und untersteht einer amtlichen Aufsicht (Art. 18 I lit.b, 18 II und 27 II/III GwG). Wer als Finanzintermediär tätig ist, muss sich einer SRO anschließen oder einer amtlichen Aufsicht unterstellen (Art. 13, 14, 18 I lit.b GwG). Unterlässt er das, so wird er gebüßt (Art. 36 GwG).

11. Die SRO überprüft die Tätigkeit der ihr angeschlossenen Finanzintermediäre (Art. 24 I lit.b). Stellt sie Verstöße gegen das Reglement fest, so belegt sie den Fehlbaren mit einer angemessenen Sanktion (Art. 25 III lit.c). Diese kann in einer Rüge oder einer Buße bestehen, aber auch im Ausschluss aus der SRO, was wohl faktisch ein (von einer privaten Organisation verhängtes!) Berufsverbot bedeutet.[33]

12. Bei den Banken, die im Gegensatz zu anderen Finanzintermediären wie etwa Anwälten, Treuhändern oder Vermögensverwaltern schon immer einer (staatlichen) Aufsicht unterstanden, sind die Kontroll- und Sanktionsmechanismen aus historischen Gründen auf zwei Träger verteilt. Die Schweizerische Bankiervereinigung als SRO der Banken konkretisiert nur die beiden Identifikationspflichten; die Detailregelung der übrigen Sorgfalts- und der Verhaltenspflichten fällt in die Zuständigkeit der Eidgenössischen Bankenkommission. Das „Reglement" der Banken besteht also aus der Sorgfalts-

32 *Vereinbarung vom 1. Juli 1977 über die Sorgfaltspflicht bei der Entgegennahme von Geldern und die Handhabung des Bankgeheimnisses* Art. 2 und 14. Die VSB wird alle fünf Jahre überarbeitet. Die neueste Fassung, jetzt *Vereinbarung über die Standesregeln zur Sorgfaltspflicht der Banken* genannt, trat am 1. Juli 2003 in Kraft.

33 *De Capitani* (Fn. 26) GwG 25 N. 67 ff.

pflichtvereinbarung einerseits und der Verordnung der Bankenkommission zur Verhinderung der Geldwäscherei, die ebenfalls am 1. Juli in Kraft trat, andererseits. Das Nebeneinander der beiden Regelungen hat sich bewährt, ist aber nicht ganz problemlos. Überschneidungen ergeben sich bei der Abklärung der wirtschaftlichen Berechtigung, die eben oftmals eine Abklärung der gesamten Hintergründe erfordert.

III. Bankgeheimnis und Geldwäscherei

13. Die Geldwäschereitatbestände des schweizerischen Strafgesetzbuches (oben N 9) sind als Vergehen ausgestattet und werden im ordentlichen Strafverfahren verfolgt. In diesem ist der Bankier aussagepflichtig (oben N 7). Das Bankkundengeheimnis behindert somit die strafrechtliche Verfolgung von Geldwäschereifällen in keiner Weise.

14. Wesentlicher als diese (wenigstens für den Schweizer Juristen) banale Feststellung ist allerdings, dass mit der Einführung der Meldepflicht von Art. 9 GwG[34] dem sonst so verschwiegenen Bankier aufgetragen wird, seine ererbten Instinkte zu unterdrücken und von sich aus Kundendaten offen zu legen. Besonders bemerkenswert ist dabei, dass mit Art. 9 GwG erstmals vom Grundsatz abgewichen wurde, dass Privatpersonen zur Erstattung von Strafanzeigen nicht verpflichtet sind. Im Interesse der Bekämpfung des organisierten Verbrechens wurden also gleich zwei heilige Kühe geschlachtet.

15. Es ist allerdings nicht zu verkennen, dass das noch immer vielerorts als undurchdringlich geltende Bankgeheimnis nach wie vor eine Attraktion des Finanzplatzes Schweiz darstellt, das gerade auch unerwünschte Kunden anzieht. Mit weiteren spektakulären Fällen wie etwa denen der *Elf Aquitaine* oder von *Abacha* ist deshalb leider durchaus zu rechnen. Als schwierig erweist sich auch immer wieder die Schulung der Bankmitarbeiter, obschon zum Teil ein gewaltiger Aufwand betrieben wird. Letztlich hängt die

34 Und des Melderechts von Art. 305ter Ziff.2, das faktisch gleichfalls eine Meldepflicht ist; *de Capitani* (Fn. 26) GwG 9 N. 17.

Durchsetzung der gesetzlichen Pflichten stark von Eignung und Charakter des Sachbearbeiters ab.[35]

Anhang

Bundesgesetz über die Banken und Sparkassen

Art. 47

1. Wer ein Geheimnis offenbart, das ihm in seiner Eigenschaft als Organ, Angestellter, Beauftragter, Liquidator oder Kommissär einer Bank, als Beobachter der Bankenkommission, als Organ oder Angestellter einer anerkannten Revisionsstelle anvertraut worden ist oder das er in dieser Eigenschaft wahrgenommen hat,

wer zu einer solchen Verletzung des Bankgeheimnisses zu verleiten versucht,

wird mit Gefängnis bis zu sechs Monaten oder mit Buße bis zu 50000 Franken bestraft.

2. Handelt der Täter fahrlässig, so ist die Strafe Buße bis zu 30.000 Franken.

3. Die Verletzung des Berufsgeheimnisses ist auch nach Beendigung des amtlichen oder dienstlichen Verhältnisses oder der Berufsausübung strafbar.

4. Vorbehalten bleiben die eidgenössischen und kantonalen Bestimmungen über die Zeugnispflicht und über die Auskunftspflicht gegenüber einer Behörde.

---

35 Zwei Beispiele für Problemsituationen: Allen elektronischen Hilfsmitteln wie *account monitoring* zum Trotz können manche Hinweise auf Unregelmäßigkeiten nur intellektuell festgestellt werden. Das setzt entsprechende Fähigkeiten beim Mitarbeiter voraus. Zudem kann der Leistungsdruck, unter dem er steht, eine Hemmschwelle bilden. Oder: Im Fall *Elf Aquitaine* waren die delinquierenden Personen höchstgestellte und hoch dekorierte Funktionäre der Gesellschaft, was bei mehr als einer Bank zur Ansicht führte, man müsse da nicht so genau hinschauen.

Schweizerisches Strafgesetzbuch

Art. 305bis, Geldwäscherei

1. Wer eine Handlung vornimmt, die geeignet ist, die Ermittlung der Herkunft, die Auffindung oder die Einziehung von Vermögenswerten zu vereiteln, die, wie er weiß oder annehmen muss, aus einem Verbrechen herrühren,

wird mit Gefängnis oder mit Buße bestraft.

2. In schweren Fällen ist die Strafe Zuchthaus bis zu fünf Jahren oder Gefängnis. Mit der Freiheitsstrafe wird Buße bis zu 1 Million Franken verbunden.

Ein besonders schwerer Fall liegt vor, wenn der Täter
a. als Mitglied einer Verbrechensorganisation handelt;
b. als Mitglied einer Bande handelt, die sich zur fortgesetzten Ausübung der Geldwäscherei zusammengefunden hat;
c. durch gewerbsmäßige Geldwäscherei einen großen Umsatz oder einen erheblichen Gewinn erzielt.

3. Der Täter wird auch bestraft, wenn die Haupttat im Ausland begangen wurde und diese auch am Begehungsort strafbar ist.

Art. 305ter, Mangelnde Sorgfalt bei Finanzgeschäften und Melderecht

[1] Wer berufsmäßig fremde Vermögenswerte annimmt, aufbewahrt, anlegen oder übertragen hilft und es unterlässt, mit der nach den Umständen gebotenen Sorgfalt die Identität des wirtschaftlich Berechtigten festzustellen, wird mit Gefängnis bis zu einem Jahr, mit Haft oder Buße bestraft.

[2] Die von Absatz 1 erfassten Personen sind berechtigt, den inländischen Strafverfolgungsbehörden und den vom Gesetz bezeichneten Bundesbehörden Wahrnehmungen zu melden, die darauf schließen lassen, dass Vermögenswerte aus einem Verbrechen herrühren.

Tagungsbericht[*]

I. Einleitung

Der diesjährige Bankrechtstag der Bankrechtlichen Vereinigung – Wissenschaftliche Gesellschaft für Bankrecht e.V. fand am 4. Juli 2003 in Düsseldorf statt. Über 230 Teilnehmer kamen zu wieder einmal hochaktuellen Themen zusammen. Die Themen waren „Basel II: Was verbirgt sich dahinter für Kreditinstitute und Kunden?" und „Bankgeheimnis und Geldwäsche aus verfassungs- und bankrechtlicher Sicht".

Am 29. April 2003 hatte der Baseler Ausschuss sein drittes Konsultationspapier über die Neue Baseler Eigenkapitalvereinbarung vorgelegt.[1] Bis zum 31. Juli 2003 hatten die Kreditwirtschaft, die Verbände und die Wissenschaft Zeit, die Vorschläge des Ausschusses zu kommentieren. Anschließend sollte der Baseler Ausschuss über etwaige Änderungen beraten. Die Neue Baseler Eigenkapitalvereinbarung sollte dann im Dezember 2003 veröffentlicht werden und Ende 2006 in Kraft treten.[2] Im Gefolge der Vereinbarung sind neue Anforderungen an die Eigenmittelausstattung der Kreditinstitute zu erwarten. Kurz vor dem Bankrechtstag, am 1. Juli 2003, veröffentlichte auch die Europäische Kommission ihr drittes Konsultationspapier zu den neuen Eigenkapitalvorschriften.[3]

Die gesetzlichen Regelungen zur Bekämpfung der Geldwäsche und des Terrorismus wurden nach den terroristischen Anschlägen in den USA vom

---

* Auszüge aus *A. Bornemann*, Bankrechtstag 2003 der Bankrechtlichen Vereinigung e.V. am 4. Juli 2003 in Düsseldorf, ZBB 2003, 309-321, *C. Lange/ Th. Höche*, Basel II: Was verbirgt sich dahinter für Kreditinstitute und Kunden? Bankgeheimnis und Bekämpfung von Geldwäsche – Bericht über den Bankrechtstag am 4. Juli 2003 in Düsseldorf, WM 2003, 1645-1661.

1 Baseler Ausschuss für Bankenaufsicht, Überblick über die Neue Eigenkapitalvereinbarung, abrufbar unter <www.bis.org/publ/bcbsca.htm>, die deutschsprachige Fassung unter <www.bundesbank.de/bank/bank_basel.php>.

2 Gegenwärtig ist vorgesehen, dass die Arbeiten an der Neuen Eigenkapitalvereinbarung Mitte 2004 beendet werden. Siehe <www.bis.org/publ/bcbsca.htm> (News vom 15.1.2004).

3 Abrufbar unter <http://europa.eu.int/comm/internal_market/regcapital/cp3/2003-consultpaper3_de.htm>.

11. September 2001 auf breiter Front und weitreichend verschärft. So wurden zum Ende der 14. Legislaturperiode des Deutschen Bundestages durch das Steuerverkürzungsbekämpfungsgesetz,[4] das Terrorismusbekämpfungsgesetz,[5] das Vierte Finanzmarktförderungsgesetz[6] und das Geldwäschebekämpfungsgesetz[7] teilweise qualitativ neuartige Ermächtigungsgrundlagen namentlich für die Erlangung von Informationen über die finanziellen Verhältnisse der Kunden der Kreditinstitute geschaffen. Nachdem im Rahmen des 5. Bankwissenschaftlichen Symposiums „Gesetze gegen die Geldwäsche und die Finanzierung des Terrorismus – Eine stille Verfassungsreform?“ die Auswirkungen dieser Gesetzgebung bereits in kleinerem Kreise diskutiert worden waren, fand auf dem Bankrechtstag eine breitere wissenschaftliche Erörterung unter Einbeziehung des Spannungsverhältnisses zum Bankgeheimnis statt.

II. Begrüßung

Univ.-Prof. (em.) Dr. *Walther Hadding*, Mitglied des Vorstandes der Bankrechtlichen Vereinigung, begrüßte die Teilnehmer des Bankrechtstages, dessen erste Abteilung „Basel II: Was verbirgt sich dahinter für die Kreditinstitute?“ mit Blick auf die am 31. Juli 2003 ablaufende Frist zur Stellungnahme für das dritte Konsultationspapier besonders aktuell sei.

Die zweite Abteilung, die das Thema „Bankgeheimnis und Bekämpfung der Geldwäsche aus verfassungs- und bankrechtlicher Sicht“ beleuchte, sei insbesondere durch die Maßnahmen zur Bekämpfung des Terrorismus erneut aktuell geworden. Die Bedeutung und lange Tradition des Bankgeheimnisses unterstrich Hadding, indem er die Regelungen über das Bankgeheimnis aus dem von Friedrich dem Großen im Jahr 1736 errichteten „Reglement der Königlichen Giro- und Lehnbank zu Berlin“ zitierte.

---

4 Gesetz zur Bekämpfung von Steuerverkürzungen bei der Umsatzsteuer und zur Änderung anderer Steuergesetze, BGBl. I vom 27.12.2001, S. 3922.

5 Gesetz zur Bekämpfung des internationalen Terrorismus, BGBl. I vom 11.1. 2002, S. 361.

6 Gesetz zur weiteren Fortentwicklung des Finanzplatzes Deutschland, BGBl. I vom 26.6.2002, S. 2010.

7 Gesetz zur Verbesserung der Bekämpfung der Geldwäsche und der Bekämpfung der Finanzierung des Terrorismus, BGBl. I vom 14.8.2002, S. 3105.

Für *Hadding*, einen der Väter und Gründungsmitglied der Bankrechtlichen Vereinigung, war der diesjährige Bankrechtstag der letzte, den er in seiner Eigenschaft als Vorstandsmitglied der Bankrechtlichen Vereinigung vorbereitet und eröffnet hatte. Prof. Dr. Dr. Dr. h.c. mult. *Klaus J. Hopt*, Direktor am Max-Planck-Institut für ausländisches und internationales Privatrecht, Hamburg, würdigte seine Verdienste und beschrieb, wie Hadding gemeinsam mit Dr. Thorwald Hellner, Prof. Dr. Theodor Heinsius, Eckhart Thomas und ihm selbst mit dem ersten Bankrechtstag im Sommer 1989 ein Forum für die verschiedenen mit dem Bankrecht befassten Bereiche Wissenschaft, Anwaltschaft, Richterschaft und Bankpraxis geschaffen habe. Die großen wissenschaftlichen, rechtspolitischen und universitären Verdienste von Hadding habe Senatspräsident Gerd Nobbe vom XI. Zivilsenat des Bundesgerichtshofes bereits anlässlich der Verabschiedung Haddings als geschäftsführendem Direktor des Mainzer Instituts für deutsches und internationales Recht des Spar-, Giro- und Kreditwesens gewürdigt. *Hopt* freute sich ganz besonders, dass *Hadding* seine Erfahrungen und seinen Rat der Bankrechtlichen Vereinigung als Mitglied des Kuratoriums auch weiterhin zur Verfügung stellen werde.

In seinem Grußwort bezeichnete *Gerhard Roggemann*, Mitglied des Vorstandes der Westdeutsche Landesbank AG in Düsseldorf, Basel II als einen wichtigen Meilenstein auf dem Weg von einer quantitativen zu einer qualitativen Bankenaufsicht. Zum ersten Mal sei künftig nicht nur die Aufteilung der Engagements in bestimmte Kundengruppen maßgeblich für die Eigenkapitalunterlegung, sondern auch der Aufwand, den die Banken im Management und im Controlling betrieben, um ihre Risiken zu überwachen. Dies führe zu einer höheren Verantwortung der Banken aber auch zu höheren Kosten. *Roggemann* hielt auf Basis der derzeitigen Erkenntnisse über die Auswirkungen der neuen Eigenkapitalregelungen die Befürchtungen für übertrieben, die insbesondere hinsichtlich der künftigen Verfügbarkeit von Krediten, geäußert würden. Die dritte Auswirkungsstudie QIS 3 habe gezeigt, dass die Eigenkapitalanforderungen für breit aufgestellte Retailbanken künftig sogar geringer seien. Allerdings würden sich die Eigenkapitalanforderungen an Kreditinstitute mit Wholesale-Angebot im Durchschnitt erhöhen.

Zu dem zweiten Themenkomplex des Tages wies *Roggemann* darauf hin, dass das Bankgeheimnis ein wichtiges und schützenswertes Rechtsgut sei. Dieses Rechtsgut sei gefährdet, wenn leichtfertig zugelassen werde, dass die besondere Vertraulichkeitsbeziehung zwischen Kunden und Banken von

Straftätern ausgenutzt werde, die hierdurch Vorteile aus ihren Taten ziehen wollten. Vor diesem Hintergrund seien strenge Regelungen gegen Geldwäsche sinnvoll. Andererseits dürften die Geldwäschebekämpfungsvorschriften und die darauf beruhenden Vorkehrungen der Banken nicht in eine flächendeckende Überwachung unbescholtener Bürger münden.

III. Basel II: Was verbirgt sich dahinter für Kreditinstitute und Kunden? (1. Abteilung)

Dr. *Helmut Bruchner*, Chefsyndikus der Hypo Real Estate Holding AG in München, leitete die erste Abteilung des Tages und begann mit einer kurzen Darstellung der Entwicklung des Baseler Akkords seit 1988, dessen Regelungen vor dem Hintergrund der unaufhaltsamen Dynamik der internationalen und nationalen Finanzmärkte von den Bankenaufsehern inzwischen als zu statisch, zu unflexibel und zu ungenau empfunden würden. Die geltenden Anforderungen an die Kreditinstitute, ihre Kreditrisiken mit Eigenkapital zu unterlegen, bildeten das tatsächliche Risiko nur unzureichend ab und würden dem Gesamtrisikoprofil der Banken nicht gerecht. Im Juni 1999 habe der Baseler Ausschuss das „Erste Konsultationspapier zur Neuregelung der angemessenen Eigenkapitalausstattung (Basel II)“ mit dem Ziel vorgelegt, die Kapitalanforderungen an die Banken stärker als bisher vom ökonomischen Risiko abhängig zu machen und neuere Entwicklungen an den Finanzmärkten sowie im Risikomanagement der Institute zu berücksichtigen. Die Vorschläge träfen im Grundsatz auf Zustimmung in der Kreditwirtschaft, jedoch seien in einzelnen Punkten erhebliche Kritik, Besorgnis und große Verunsicherung bei Kreditinstituten und Kunden hinsichtlich der neuen Anforderungen, der Kosten für die Implementierung der notwendigen Systeme, der Auswirkungen auf die Kreditkultur und der Verfügbarkeit von Kreditmitteln insbesondere für den deutschen Mittelstand geäußert worden.

Mit dem nun vorliegenden dritten Konsultationspapier sei es der deutschen Verhandlungsdelegation gelungen, wichtige Änderungen zu erreichen, insbesondere im Hinblick auf den Mittelstand. Dennoch blieben Kritikpunkte und offene Fragen, die vor einer Verabschiedung von Basel II und Verwendung als Vorlage für eine EU-Richtlinie erörtert werden müssten. Für die Interessenvertreter aller betroffenen Gruppen, gleichgültig ob diese zukünftig unter den Basel II-Vorschriften oder der neuen Kapitaladäquanzrichtlinie der

Europäischen Union reguliert würden, seien die jetzigen Diskussionen um den Inhalt des dritten Konsultationspapiers und die Durchsetzung von notwendigen Änderungen von entscheidender Bedeutung.

1. *Jochen Sanio*, Präsident der Bundesanstalt für Finanzdienstleistungsaufsicht Bonn/Frankfurt a.M., stellte die wesentlichen Inhalte des dritten Konsultationspapiers vor und nannte im ersten Teil des Vortrages die Gründe für den neuen Eigenkapitalakkord. Im zweiten Teil stellte er dessen wesentliche Regelungen vor, und im dritten Teil erläuterte er die unterschiedlichen Anwendungsbereiche von Basel II und der neuen Kapitaladäquanzrichtlinie der Europäischen Union.

[Beitrag *Sanio* S. 3 ff.]

Die Diskussion leitete *Bruchner* mit einer Anmerkung zu der Veränderung der Zinskonditionen unter Basel II ein. Eines der Ziele des neuen Baseler Akkords sei, dass die Banken künftig Kredite mit angemessenen Konditionen, gemessen am tatsächlichen Risikogehalt des jeweiligen Kredites, vergeben. Die Konsequenz werde sein, dass eine positive oder negative Veränderung der Bonität des Kreditnehmers zu einer Veränderung der Konditionen während der Laufzeit des Kredites führen werde. Eine solche Veränderung sei von dem Baseler Ausschuss gewollt, werfe aber vor dem Hintergrund der deutschen höchstrichterlichen Rechtsprechung und der derzeit geltenden gesetzlichen Regelungen Fragen auf. *Bruchner* wies darauf hin, dass die höchstrichterliche Rechtsprechung mit Rücksicht auf das Transparenzgebot hohe Anforderungen an die Zulässigkeit von Zinsanpassungsklauseln gestellt habe. Die Anpassung des Zinssatzes sei nur möglich, wenn der Darlehensnehmer bereits bei Abschluss des Vertrages vorhersehen könne, unter welchen Voraussetzungen und in welchem Umfang die Bank künftig eine Zinsanpassung vornehmen werde.[8] Da die bankinternen Ratingsysteme sehr unterschiedliche und zahlreiche Faktoren, auch so genannte weiche Faktoren („soft factors"), beinhalten würden, werde es nicht leicht sein, eine Zinsanpassungsklausel wegen Anpassung des Kreditrisikos zu formulieren. Bereits heute würden Banken mit Blick auf Basel II Kredite nur noch mit Laufzeiten von bis zu fünf Jahren vergeben. Im Rahmen der EU-Richtlinie CAD III böte sich die Gelegenheit zu regeln, dass und in welchem Umfang

8 Zu Anpassungsklauseln BGH WM 1999, 2545 (insb. 2547).

eine Veränderung der Bonität des Kunden eine Veränderung der Kreditkosten nach sich ziehen könne. *Sanio* hatte bereits in seinem Vortrag hierzu ausgeführt, im Ausland würde es auf Unverständnis stoßen, wenn es in Deutschland nicht gelänge, das Ziel von Basel II, veränderliche Risikogewichtungen in veränderliche Kosten für den Kunden umzusetzen, zivilrechtlich wirksam zu vereinbaren.

Eine weitere Problematik sah *Bruchner* insbesondere bei grundpfandrechtlich gesicherten Festzinskrediten. Ein Recht zur Zinsanpassung wegen der Veränderung der Bonität des Kreditnehmers würde den vereinbarten Festzinssatz de jure in einen veränderlichen Zinssatz umfunktionieren. Infolgedessen hätte der Kunde nach § 489 BGB ein jederzeitiges Kündigungsrecht, während die Bank Refinanzierungskosten auch für die gesamte verbleibende Laufzeit habe. Nach geltendem deutschem Recht sei dieses Spannungsverhältnis nicht auflösbar.

Als abschließenden Punkt sprach *Bruchner* die Kritik an, dass durch die Regelungen nach Basel II ein bestehender Konjunkturzyklus noch verschärft werde. Er beschrieb die Folgen von Basel II: In einer Rezession verschlechtere sich die Bonität vieler Kreditnehmer sprunghaft. Infolgedessen würden die Kreditrisiken steigen, und die Banken müssten die Kredite mit mehr Eigenkapital unterlegen. Hierdurch würden sich die Kredite tendenziell verteuern, die Zinsen erhöhen. Auch die Banken täten sich in einer Phase allgemeiner wirtschaftlicher Schwäche schwer, neues Eigenkapital aufzunehmen. Der Bank bleibe daher gar nichts anderes übrig, als die Kreditvergabe zu reduzieren. Als Folge würden die Anforderungen von Basel II gerade in einer Phase des wirtschaftlichen Abschwungs die Prozyklität noch verstärken. Wenn nun die Europäische Zentralbank (EZB) zur Konjunkturbelebung die Leitzinsen senke, würden diese Effekte durch die Notwendigkeit der Banken, ihre Kredite mit mehr Eigenkapital zu unterlegen und die Kredite zu verteuern, teilweise neutralisiert. Bruchner stellte die Frage in den Raum, ob nicht eine Verknüpfung zwischen den Zinssignalen der EZB und der durch Basel II geforderten Eigenkapitalunterlegung gefordert werden solle. Zur Lösung der hier aufgeworfenen Fragen sei, insbesondere im Hinblick darauf, dass die Europäische Zentralbank ein europäisches Organ sei, die EU gefordert.

Zur Diskussion meldete sich Professor Dr. *Peter Derleder*, Bremen, mit dem Anliegen, auf das Spannungsfeld zwischen dem Bedürfnis nach Stabilität des Finanzsystems einerseits und dem Bedürfnis der Realwirtschaft nach der Stabilität von Kapitalkosten andererseits hinzuweisen. In einem System, in welchem die Krise des Kreditnehmers zu einer Erhöhung des unterlegungspflichtigen Kapitals und damit zu Zinserhöhungen führt, würden diese Bedürfnisse offenbar konfligieren. Derleder interessierte daher, ob sich Zinserhöhungen nicht durch Sicherheitenregelungen ausschließen und begrenzen ließen, um dem Interesse des Kreditnehmers an kalkulierbaren Konditionen Rechnung zu tragen. Sanio erwiderte, dass sich ein höheres Risiko immer aus der Gesamtanalyse des Engagements ergebe. Eine Bonitätsverschlechterung könne sich aus einem Sicherheitenverfall ergeben, aber auch aus Unprofitabilität oder einer Vielzahl anderer Faktoren. Sobald eine Risikoänderung eintrete, werde die Veränderung der Eigenkapitalunterlegung fällig, die für das Kreditinstitut höhere oder geringere Kosten verursache. Könnten diese Kosten nicht an den Kreditnehmer weitergegeben werden, würde ein wesentliches Ziel von Basel II, nämlich zu risikoadäquaten Konditionen zu gelangen, verfehlt.

Des Weiteren fragte *Derleder*, ob die durch den Basler Akkord notwendig werdende Einteilung der Kreditnehmer in Risikogruppen Diskriminierungsgefahren im Verbraucherbereich in sich berge. Er skizzierte das Szenario der Aufteilung von Bevölkerungsgruppen in Risikogruppen anhand von statistischen Merkmalen mit dem Ergebnis, dass allein die Zugehörigkeit zu einer bestimmten Risikogruppe dazu führen könne, dass jemand einer besonderen Risikobewertung unterliege. *Derleder* fragte, welche Erfahrungen es gebe. *Sanio* bestätigte, dass Risikogruppen identifiziert würden und die Zugehörigkeit zu einer solchen Gruppe ein ganz bestimmender Faktor des Ratings sei. Die Zugehörigkeit zu einer Branche, die in der Vergangenheit hohe Ausfallraten produziert habe, stelle ein Negativmerkmal bei der Festlegung des Ratings dar.

Schließlich zweifelte *Derleder* an der Reife der deutschen „Ratingkultur“ und daran, dass sie als tragfähige Grundlage für einen auf externen Ratings basierenden Regulierungsansatz tauge. Nationale oder europäische Marktteilnehmer seien künftig fremden Standards und Maßstäben unterworfen, deren Anwendbarkeit noch gar nicht nachvollzogen worden sei. Dem stimmte *Sanio* prinzipiell zu, erinnerte aber daran, dass die Einbeziehung der auf bankinternen Ratings bauenden Ansätze gerade mit Blick auf die Finanzsysteme vollzogen wurde, in denen sich ansonsten eine Ratinglücke aufgetan hätte.

Bereits das Fehlen eines externen Ratings hätte für den deutschen Mittelstand zu erheblichen Nachteilen geführt. Erst an zweiter Stelle käme die Frage, nach welcher Methodik der deutsche Mittelstand geratet werden solle. *Sanio* meinte hierzu, wenn der deutsche Mittelstand nach amerikanischen Ansätzen geratet worden wäre, hätte viele Mittelständler „der Schlag getroffen". Die Versuche, eine deutsche externe Rating-Kultur aufzubauen, seien aufgrund der enormen zu erwartenden Kosten nicht ernsthaft weiter verfolgt worden.

Er führte ergänzend aus, dass die Ratingnachfrage auch nicht von den in den Vereinigten Staaten etablierten Ratingagenturen hätte befriedigt werden können: Da Ratingagenturen maßgeblich von ihrer (in langjähriger Tätigkeit erworbenen) Reputation sowie vom Vertrauen in ihre Kompetenz leben, komme für sie nur eine vorsichtige Ausweitung ihres Kundenkreises in Betracht. Die Wahrung des Qualitätsstandards könne nämlich nicht mehr glaubwürdig signalisiert werden, wenn der Kreis der zu bewertenden Unternehmen schlagartig erweitert werde.

Professor Dr. Dr. Dr. h. c. mult. *Klaus J. Hopt*, Hamburg, sprach die neu in Basel II eingeführten operationellen Risiken an und fragte, ob und gegebenenfalls wie die zum operationellen Risiko zählenden Rechtsrisiken gemessen werden könnten. Nachdem *Sanio* einräumte, dass dies zur Zeit wohl noch nicht möglich sei, fragte *Hopt*, ob es konkrete Vorstellungen über die auf gesamtwirtschaftlicher Ebene zu veranschlagenden Kosten einer Umsetzung des Baseler Regulierungskonzepts gebe. *Hopt* dachte dabei u.a. an konzentrationsfördernde Auswirkungen, wie z.B. die die Bundesanstalt für Finanzdienstleistungsaufsicht treffenden (Personal-)Kosten sowie die prozyklischen Wirkungstendenzen in Zeiten konjunkturellen Abschwungs.

Auch hier räumte *Sanio* ein, dass es gesicherte Erkenntnisse nur über die unmittelbaren Auswirkungen gebe, wie sie in den Auswirkungsstudien dokumentiert seien. Er erläuterte, die Impact Studies hätten ergeben, dass die deutschen Banken im Durchschnitt wieder bei einer Eigenkapitalunterlegung von 8 Prozent landen würden. Dies sei auch das Ziel von Basel II gewesen, die Eigenkapitalanforderungen sollten weder verschärft noch gelockert werden. Hinter diesem Durchschnitt verberge sich allerdings eine Aufspreizung zwischen „Extrem-Gewinnern" und „Extrem-Verlierern". Insbesondere Banken mit einem hohen Anteil im Retail-Geschäft würden zu den künftigen Gewinnern zählen, während Banken, die überwiegend das Wholesale-Geschäft betrieben, künftig mehr Eigenkapital bereitstellen müssten. Eine

Studie zu den Kosten für die internen Ratingsysteme gebe es noch nicht, eine Schätzung der Kosten ebenfalls nicht. Man rechne allerdings mit ganz erheblichen Kosten. Auf der anderen Seite der Bilanz stehe jedoch ein nicht messbarer Nutzen, nämlich die Stabilisierung des Finanzsystems. Auch bei den Kunden werde es Gewinner und Verlierer geben. Unternehmen mit einem AAA-Rating, für deren Kredite eine Bank derzeit 8 Prozent und künftig nur noch etwa 1 Prozent Eigenkapital benötige, würden von Basel II profitieren. Andere würden mehr für ihre Kredite zahlen, als dies heute der Fall sei. Auf der Kundenseite werde das System nicht ausgeglichen sein, da die Kredite in vielen Fällen zu günstig vergeben würden, wie die aktuelle Eigenkapitalausstattung der Banken zeige. Diese Entwicklung sei allerdings überfällig.

2. *Jochen Lehnhoff*, Rechtsanwalt und Mitglied des Vorstandes des Bundesverbandes der Deutschen Volksbanken und Raiffeisenbanken (BVR), Berlin, erörterte die Auswirkungen von Basel II auf Basis des nun vorliegenden dritten Konsultationspapiers aus der Sicht der mittelständischen Kreditinstitute. Sein Vortrag verdeutlichte, dass auch für kleine und mittlere Kreditinstitute in Deutschland letztlich kein Weg an den neuen Ansätzen des künftigen Baseler Akkords vorbei führen wird. Er verband sein Votum für die Einbeziehung auch der kleineren und mittleren Institute in den Anwendungsbereich der Basler Regelungen mit der Kritik an einer Reihe von Detailregelungen, die insbesondere kleinere Institute belasteten.

[Beitrag *Lehnhoff* S. 19 ff.]

3. Prof. Dr. *Hermann Schulte-Mattler*, Fachhochschule Dortmund, brachte in seinem Vortrag eine im Vergleich zu *Sanio* deutlich distanziertere Haltung zur Eigenkapitalregulierung des künftigen Baseler Akkords zum Ausdruck. Er kritisierte insbesondere, dass die Methoden, mit denen das Risiko einer Bank nach Basel II gemessen werden soll, diesen Zweck nur unzureichend erfüllten. Außerdem werde die Umsetzung von Basel II durch die unzureichende Datenbasis erschwert.

[Beitrag *Schulte-Mattler* S. 29 ff.]

In der Diskussion fragte Dr. *Rainer Metz*, Bereichsleiter der Verbraucher-Zentrale NRW e.V., Düsseldorf, nach den voraussichtlichen Auswirkungen von Basel II auf die privaten Endverbraucher. Hierauf antwortete *Schulte-Mattler*, dass der Verbraucher in der Regel in den Retail-Bereich falle, in welchem nicht für jeden einzelnen Kunden ein Rating erstellt, sondern ein Gesamt-Portfolio gebildet werde. Innerhalb des Portfolios könnten eventuell verschiedene Gruppen gebildet werden, und die Zugehörigkeit zu einer Gruppe bestimme die entsprechende Einstufung, aus der sich die Kreditkondition ergebe. Im Ergebnis erwartete *Schulte-Mattler*, dass Basel II zu günstigeren Konditionen für Privatkunden führen werde, da die bisherigen Regelungen Quersubventionierungen des Unternehmens- durch den Verbraucherbereich begünstigt hätten und daher Verbraucher in der Vergangenheit eher zu teure Konditionen erhalten hätten, die Industrie hingegen tendenziell eher zu günstige.

Metz ging dann auf das Thema Transparenz über. Hinsichtlich der Transparenz bei Zinsänderungen sah er kein Problem auf die Kreditwirtschaft zukommen, solange die Kreditwirtschaft transparent definiere, wie das Risiko festgelegt werde und nach welchen Kriterien die Änderungen vorgenommen würden. *Metz* sah in Basel II eine Gelegenheit, die jetzige aus Sicht des Verbraucherschutzes unbefriedigende Praxis der Zinsänderungen zu verbessern.

Metz befürchtete jedoch, dass infolge der zukünftigen Differenzierungen bei den Konditionen die Vergleichbarkeit von Konditionen nicht mehr gewährleistet sei und darunter die Markttransparenz leide. Wie bei Flugpreisen könne es geschehen, dass die Banken mit Konditionen für AAA-Kunden werben, die in der Praxis jedoch für Verbraucher oder Unternehmen nie erreichbar seien. Er skizzierte in diesem Zusammenhang das Verhalten eines sorgfältigen Verbrauchers, der bei vier oder fünf verschiedenen Instituten Angebote einhole, von diesen mit hohem Aufwand überprüft und eingestuft werde und anschließend vier der fünf Angebote widerrufe, um das günstigste Angebot anzunehmen. Für die Banken bedeute dies einen hohen Aufwand und ebenso für den Verbraucher, der die tatsächlichen Kosten für seinen Kredit in dieser Weise zu ermitteln versuche. *Schulte-Mattler* bestätigte, dass die Konditionen für Kredite künftig erheblich differenzierter ausfallen müssten. Er wies darauf hin, dass die Banken mit Prognosen arbeiten würden und Prognosen auf Erwartungen begründet seien, da die Zukunft unbekannt sei. Er erwarte, dass die Banken sich bemühen würden, eine gewisse Markttransparenz herzustellen, nicht zuletzt aufgrund der Anforderungen der Verbraucher.

Bruchner ergänzte, dass die Kreditwirtschaft derzeit Scoring-Systeme entwickle. Es sei beabsichtigt, diese Systeme vom Bundesaufsichtsamt zertifizieren zu lassen. Diese Scoring-Systeme werden unterschiedliche Kriterien festlegen, auf die ein Verbraucher überprüft werde, und den Kunden entsprechend einstufen. Durch die Offenlegung der über die Zuordnung zu den verschiedenen Sub-Kategorien entscheidenden Kriterien werde eine gewisse Transparenz ermöglicht. Eine Verschlechterung der Markttransparenz sei somit nicht zu erwarten und würde überdies der Idee des Baseler Ansatzes zuwider laufen, welcher der Marktdisziplin in seiner dritten Säule einen entscheidenden Rang einräumt.

Prof. Dr. *Norbert Horn*, Universitätsprofessor (em.) und geschäftsführender Direktor des Rechtszentrums für europäische und internationale Zusammenarbeit (R.I.Z.) in Köln, merkte an, dass eine mäßige Quersubventionierung volkswirtschaftlich durchaus erwünscht sein könne. Schließlich würden durch bonitätsangepasste Konditionen – und damit insbesondere die Offenlegung der Verschlechterung der Bonität und der unmittelbar folgenden Reaktion der Banken – letztlich auch Unternehmenskrisen beschleunigt und verschärft. Horn vermutete, dass die Banken Kunden in der Krise künftig bei der Beurteilung der Bonität teilweise im eigenen Interesse entgegenkommen werden. Wenn die Banken befürchten müssten, dass der Kunde infolge der Verschlechterung der wirtschaftlichen Situation gar nicht in der Lage sein werde, erhöhte Konditionen zu leisten und eventuell sogar die Rückführung der Kredite in Gefahr geriete, liege es nahe, dass die Banken im Rahmen ihres Beurteilungsspielraumes dem Kunden ein wenig entgegenkämen, um ihre Forderungen zu retten.

Horn bezweifelte außerdem, dass es keine Kredite mit festen Zinsen über längere Zeiträume mehr geben werde; zivilrechtlich sei es möglich, diese vertraglich zu vereinbaren, und diese Regelung werde durch Basel II nicht abgeschafft. Er erwartete allerdings einen zunehmend unübersichtlicheren Markt für Kredite und deren Kosten und sah durch die geringere Transparenz für den Kreditnehmer die Chance auf Seiten der Kreditwirtschaft, künftig ihre Margen zu verbessern und angemessene Kreditkosten festzusetzen.

IV. Bankgeheimnis und Bekämpfung von Geldwäsche (2. Abteilung)

In das Thema der 2. Abteilung führte Dr. *Wolfgang Gößmann*, Leiter der Rechtsabteilung der HSH Nordbank AG, Hamburg, ein. Er stellte in seinen einleitenden Bemerkungen Bezüge zur Historie des Bankgeheimnisses her. So sei das Bankgeheimnis schon Bestandteil der Hamburger Bankenordnung von 1619 gewesen. Ungeachtet der weit zurückreichenden geschichtlichen Wurzeln sei das Bankgeheimnis Erosionsprozessen ausgesetzt, die nicht zuletzt im steuerlichen Bereich wurzelten. So werde beispielsweise die Kritik an § 30a Abgabenordnung (AO) damit begründet, die Bestimmung schütze die Täter von Steuerdelikten. Diese Kritik verkenne jedoch die Funktion von § 30a AO im Besonderen und des Bankgeheimnisses im Allgemeinen. Mit § 93 AO und den Eingriffsbefugnissen der Strafprozessordnung seien durchaus ausreichende Ermächtigungsgrundlagen vorhanden, derer sich die zuständigen Behörden bedienen könnten. Darüber hinaus sei das Instrumentarium des Staates für Eingriffe in die Vertraulichkeitssphäre zwischen Kreditinstituten und ihren Kunden in jüngster Zeit als Reaktion auf die weltumspannende Bedrohung durch den internationalen Terrorismus zusätzlich erweitert worden. Hierbei sei der in § 24c KWG geregelte automatisierte Abruf von Kontoinformationen besonders hervorzuheben.

Zur Vorbereitung auf die Referate rief *Gößmann* schließlich die Maßstäbe in Erinnerung, an denen sich Eingriffe in grundrechtlich geschützte Sphären messen lassen müssen: Eingriffe müssen einem legitimen Zweck dienen, dabei erforderlich sein, das verfolgte Ziel zu befördern, und schließlich dürfen die dem Grundrechtsträger abgeforderten Einschränkungen seiner Freiheitsräume nicht außer Verhältnis zum verfolgten Zweck stehen.

1. Prof. Dr. *Felix Herzog*, Humboldt-Universität zu Berlin, befasste sich in seinem Vortrag mit den Schranken staatlicher und staatlich veranlasster Ermittlungen. Dafür ging er zunächst auf die rechtliche Qualifizierung des Bankgeheimnisses und die Durchbrechungen durch herkömmliche und neue gesetzliche Eingriffsbefugnisse ein. Daran anschließend nahm er eine Bestandsaufnahme der Angriffe gegen das Bankgeheimnis und der aktuellen Entwicklungen in der Gesetzgebung vor.

[Beitrag *Herzog* S. 45 ff.]

2. Prof. Dr. *Paul Kirchhof*, Bundesverfassungsrichter a.D., Ruprecht-Karls Universität Heidelberg, widmete sich in seinem Vortrag verfassungsrechtlichen Problemstellungen im Zusammenhang mit dem Bankgeheimnis bzw. Datenschutz und der Geldwäsche. Die Frage nach einem Grundrecht auf Datenschutz stelle sich in neuer Dringlichkeit, weil Datenschutz in der

geschriebenen Verfassung nur rudimentär verwirklicht sei. In diesem Zusammenhang setzte sich Kirchhof mit der einschlägigen Rechtsprechung des Bundesverfassungsgerichts zum Grundrecht auf informationelle Selbstbestimmung auseinander. Im Anschluss daran kam er auf den Schutz von Wirtschaftsdaten zu sprechen und sprach sich grundsätzlich für den vom Geldwäschegesetz verfolgten Weg einer Verpflichtung der Banken aus. Allerdings sei die Zulässigkeit an vier Voraussetzungen zu binden, die er in seinem Vortrag näher ausführte.

[Beitrag *Kirchhof* S. 79 ff.]

3. Ministerialrat *Michael Findeisen*, Bundesministerium der Finanzen, beschäftigte sich in seinem Vortrag zunächst mit der rechtlichen Qualifizierung des Bankgeheimnisses. Dieses sei eine bloße vertragliche (Neben-)Pflicht, die eine verfassungsrechtliche Grundlage allenfalls in der Vertragsfreiheit als Ausfluss der allgemeinen Handlungsfreiheit habe. Daran anschließend skizzierte er die geldwäscherechtlichen Durchbrechungen des Bankgeheimnisses und diskutierte die Rolle der Banken im Rahmen staatlicher Ermittlungen.

[Beitrag *Findeisen* S. 95]

4. In der anschließenden Diskussion stellte Rechtsanwalt Dr. *Werner de Capitani*, Herrliberg (Schweiz), einige Regelungen des schweizerischen Rechts in Bezug auf das Bankgeheimnis und die Bekämpfung der Geldwäsche dar. Dabei ging er insbesondere auf die von der Schweiz geleistete Rechtshilfe für andere Staaten und wichtige strafrechtliche Bestimmungen sowie das schweizerische Geldwäschegesetz ein.

[Beitrag *de Capitani* S. 125]

Stichwortverzeichnis

Abwendungsauskunft 47, 62, 66
Advanced Approach 8, 9, 34
Akkord 4, 5, 6, 7, 12, 13, 14, 15, 17, 28, 29, 30, 32, 33, 34, 41, 140, 141, 143, 145
Anfangsverdacht 56, 63, 64, 68, 70, 91, 112
Asset Backed Securities 13
Assetkorrelation 35, 36, 37, 38
Aufklärungspflicht 117
Auflösung
- Bankkonto 119
- Verdachtsbegriff 47, 75
Aufsichtsstandards 4, 13, 15, 109
Ausfallwahrscheinlichkeit 9, 35, 36, 37, 38, 39
Auskunftspflicht 63, 85, 95, 104, 105, 112, 122, 128, 135
Auswirkungsstudie 22, 23, 24, 31, 43, 139, 144
Automatisierter Abruf von Konteninformationen 71, 92, 95, 118, 120, 148
Bankgeheimnis
- Alptraum des Wirtschaftskriminalisten 47, 74
- Angriff gegen 51, 148
- Anonymität 110
- Auflösungstendenz 47, 51, 73
- Aussagepflicht 128
- Bankvertrag 47, 53, 99, 103, 104
- Begrenzung investigativer Eingriffe 56
- Begriff/Definition 51, 52, 58, 65, 95, 98, 99, 100, 102, 103, 127
- Durchbrechung 47, 51, 57, 58, 61, 64, 66, 73, 95, 111, 148, 149
- Eingriff in Freiheitsraum 47, 48, 49, 50, 69, 75, 148
- Eingriffsbefugnis 148
- Eingriffsermächtigung 69, 73
- Folge von Verletzungen 54, 100, 125, 127, 132, 135
- Gefährdung 59
- Historie/Tradition 138, 148
- Österreich 100, 110
- Rechtliche Grundlage 47, 51, 53, 54, 56, 57, 60, 104, 105, 149
- Reichweite 95, 99, 100
- Schutz des Bankgeheimnisses 55, 86, 100, 102, 103
- Schutz des Bankkunden 54, 56, 74
- Schutz von Wirtschaftsdaten 79, 83, 85, 149
- Schweiz 95, 100, 101, 102, 125, 127, 134, 149
- Steuereingriff 84
- Steuerrecht 54, 55, 58, 99, 129
- Verhältnis zu staatlichen Maßnahmen gegen Geldwäsche 95, 98, 100, 103, 122, 123
- Verhälnismäßigkeit von Eingriffen 47, 48, 50, 51, 53, 55, 58, 60, 61, 66, 72, 104
- Verschwiegenheit 53, 54, 79, 99, 102, 103, 104, 105, 123, 127
- Vertrauensverhältnis 52, 55, 62, 65, 85, 93, 94, 103, 105, 125
- Zeugnisverweigerungsrecht 47, 54, 61, 62, 128
Bankkundenüberwachung 47, 71
Basel II
- Abweichungen zu EU-Eigenkapitalvorschriften 14, 15
- Advanced Approach 8, 9, 34
- Anwendungsbereich 19, 20, 21, 118, 141, 145
- aufsichtliches Überprüfungsverfahren 11, 32
- Auswirkungen auf bestimmte Kundengruppen 29, 32, 41

– Auswirkungen auf das Fördergeschäft 26
– Auswirkungen auf den Mittelstand 12, 33, 41, 42, 140
– Auswirkungen auf die Brüsseler Kodifizierungsrichtlinie 31
– Auswirkungen auf die Kreditkultur 140
– Auswirkungen auf die privaten Endverbraucher 145
– Auswirkungen auf mittelständische Kreditinstitute 19, 145
– EU-Gesetzgebung 14, 15, 16, 18
– Kritik 9, 12, 140, 142, 144, 145
– Marktdisziplin 12, 32, 147
– prozyklische Wirkung *siehe Kritik*
– Säulen von Basel II 4, 7, 10, 11, 12, 25, 32, 147
– supervisory review process *siehe aufsichtliches Überprüfungsverfahren*
– USA 15, 16, 21
– Wettbewerbsnachteil 6, 8, 16
Baseler Ausschuss 3, 4, 6, 7, 10, 11, 12, 13, 14, 19, 20, 21, 23, 24, 26, 27, 29, 30, 31, 32, 33, 36, 43, 109, 114, 137, 140, 141
Baseler Empfehlungen 10, 13, 30
Baseler Regelungen 21, 23, 25, 31, 42
Beschlagnahme 47, 62
Bonität 5, 8, 9, 25, 26, 37, 41, 42, 141, 142, 147
Capital Adequacy Directive 14
Customer Due Diligence 106, 109, 114, 115, 116, 117
Datenschutz 59, 79, 81, 83, 84, 95, 117, 121, 148
Dokumentationspflicht 107, 131
Durchsuchung 47, 62, 64, 66, 105
Eigenkapitalakkord *siehe Akkord*
Eigenkapitalanforderung 5, 7, 9, 11, 12, 24, 25, 29, 31, 32, 33, 36, 37, 39, 40, 42, 43, 139, 140, 144
Eigenkapitalberechnung 5
Eigenkapitalstandards 6, 13
Eigenkapitalübereinkunft *siehe Akkord*
Eigenkapitalunterlegung 9, 38, 39, 41, 139, 142, 143, 144
Einwilligung 83, 104, 128
Europäische Zentralbank 142
Financial Action Task Force on Money Laundering 95, 101, 108, 109, 110, 111, 114, 117, 130
– Empfehlung 4 der FATF 109
Finanzmarktaufsicht 47, 71
Fishing-expeditions 47, 76
Foundation Approach 8, 9, 16, 34
Geheimhaltungsbedürftigkeit 121
Geldwäsche
– Anti-Geldwäscherecht 95, 111
– Anti-Geldwäschestandards 95, 96, 101, 106, 108, 110, 112, 114, 116
– Einbeziehung von Banken/Privaten in die Bekämpfung 63, 77, 79, 90, 91, 92, 93, 94, 97
– Firewalls gegen Geldwäsche 97
– Maßnahmepaket gegen Geldwäsche 101, 105, 106
– Instrumente der Geldwäschebekämpfung 47, 51, 62, 90, 108 f.
– kundenbezogene Sicherungssysteme 92, 116, 117
– Missbrauch von Anti- Geldwäschemaßnahmen 64, 66, 67
– Paradigmenwechsel bei der Geldwäscheprävention 77, 95, 113, 114
– Risikomanagement gegen Geldwäsche 114
– Schutz des Finanzsystems 97
– Schweiz 95, 101, 102, 129, 130, 133, 134, 135
– Straftat 105, 130
– Verhinderung 95, 96, 106, 111, 117, 118, 122, 133
– Verwaltungshilfe durch Banken 79, 90, 91, 92, 93, 94
– Vortat 91

Geldwäschegesetz 68, 92, 97, 98, 105, 112, 115, 119, 122, 149
Geldwäscherei (Schweiz) 125, 129, 130, 132, 133, 135, 136
Geldwäscherichtlinie 95, 97, 106, 107, 108, 110, 111, 112, 117
Gesamtkapitalanforderung 19, 24
Grundrecht auf informationelle Selbstbestimmung 58, 59, 60, 149
Identifikationspflicht 133
IRB 7, 12, 16, 21, 22, 23, 24, 26, 34, 35, 36, 37, 44
Kapitaladäquanzrichtlinie 14, 140, 141
Kapitalkostendifferenz 39, 40
Konzept der Risikostrukturen 47, 75
Kooperationspflicht 95, 111, 112, 113
Korrelationsformel 37
Lamfalussy-Verfahren 17
Meldepflicht 47, 67, 68, 112, 113, 131, 132, 134
Mindesteigenkapitalquote 11
Mindestkapitalanforderung 11
Monitoring 72, 76, 77, 118
Monitoringpflicht 109
Offenbarungspflicht 84, 105
Online-Abrufsystem 119
organisierte Kriminalität 48, 89, 92, 93, 96, 97, 129, 130, 134
organisiertes Verbrechen *siehe organisierte Kriminalität*
Partial Use 19, 25, 26
politically exposed persons 115, 116, 131
Privatsphäre 51, 57, 58, 59, 60, 68, 73, 78, 80, 82, 101, 126
Quantifizierung 29, 33, 44
QIS *siehe Auswirkungsstudie*
Randziffer 23 19, 24
Rating 7, 8, 9, 10, 11, 13, 26, 33, 34, 35, 40, 42, 43, 143, 144, 145, 146
Ratingagentur 25, 34, 144
Ratingkategorie 35, 41
Ratingsystem 22, 25, 141, 145
Recherchepflicht 95, 113, 122
Recht auf informationelle Selbstbestimmung 47, 51, 56, 58, 60, 61, 71, 72, 73, 76, 122
Rechtshilfe 100, 101, 102, 108, 109, 149
Retail 12, 27, 144, 145
– Retailforderung 37
– Retailgeschäft 36, 115
– Retailkredit 26
– Retailpool 37
– Retailportfolio 27
– Retailsegment 27
Risikogewicht 5, 9, 12, 27
Risikogewichtung 8, 115, 142
Risikogewichtungssatz 7
Risikoprofil 11, 25, 115, 116
Schutz des Finanzsystems 97
Scoring-System 146
Screening 69, 72, 73, 77
Sicherungsmaßnahme 77, 97
Solvabilitätsrichtlinie 20, 31
Standardansatz 7, 8, 9, 10, 12, 21, 22, 23, 24, 25, 26, 27, 34
– modifizierter 21, 22, 23, 24, 25, 26, 27
Standardised Approach *siehe Standardansatz*
Standardverfahren *siehe Standardansatz*
Steuerhinterziehung 86, 90, 91, 92, 101, 103, 118, 119, 129, 132
Terrorismus 67, 89, 92, 93, 97, 98, 106, 108, 110, 115, 118, 120, 121, 122, 137, 138, 148
Terrorismusfinanzierung 68, 69, 118
Transparenz 59, 80, 97, 98, 106, 109, 122, 146, 147
Unterrichtungspflicht 95, 107, 112
Verdachtsanzeigepflicht 67, 69, 77, 91, 95, 97, 109, 111, 112, 113, 114, 122
Zeugenvernehmung 47, 62, 64
Zufallsfund 47, 66